SCIENCE FICTION

Herausgegeben
von Wolfgang Jeschke

Vom gleichen Autor erschienen außerdem
als Heyne-Taschenbücher

Der Mann von drüben · Band 3004
Geliebter Roboter · Band 3066
Der Tausendjahresplan · Band 3080
Der galaktische General · Band 3082
Am Ende der Ewigkeit · Band 3088
SF-Kriminalgeschichten · Band 3135
Ich, der Robot · Band 3135
Lunatico · Band 5126
Die nackte Sonne · Band 3517
Der Zweihundertjährige · Band 3621
Isaac Asimovs Science Fiction Magazin 1. Folge · Band 3608
Isaac Asimovs Science Fiction Magazin 2. Folge · Band 3636
Isaac Asimovs Science Fiction Magazin 3. Folge · Band 3664
Isaac Asimovs Science Fiction Magazin 4. Folge · Band 3695
Isaac Asimovs Science Fiction Magazin 5. Folge · Band 3735
Isaac Asimovs Science Fiction Magazin 6. Folge · Band 3748
Isaac Asimovs Science Fiction Magazin 7. Folge · Band 3761
Isaac Asimovs Science Fiction Magazin 8. Folge · Band 3776
Isaac Asimovs Science Fiction Magazin 9. Folge · Band 3789
Isaac Asimovs Science Fiction Magazin 10. Folge · Band 3807

ISAAC ASIMOVS SCIENCE FICTION MAGAZIN

11. Folge

ausgewählt und herausgegeben
von
Birgit Reß-Bohusch

Deutsche Erstveröffentlichung

WILHELM HEYNE VERLAG
MÜNCHEN

HEYNE-BUCH Nr. 3825
im Wilhelm Heyne Verlag, München

Deutsche Übersetzungen von Birgit Reß-Bohusch
und Biggy Winter

Das Umschlagbild schuf Karel Thole

Redaktion: Friedel Wahren

Printed in Germany 1981
Umschlaggestaltung: Atelier Heinrichs & Schütz, München
Gesamtherstellung: Mohndruck Graphische Betriebe GmbH, Gütersloh

ISBN 3-453-30727-5

Inhalt

W. T. Quick

Ein Bombeneinfall

Gerade als Jonny Calvert die Tür schloß, materialisierte die Bombe aus dem Nichts und sagte: »Sie hatten doch nicht erwartet, daß es so einfach sei. Oder?«

Entsetzt starrte er den todbringenden Titanzylinder an. Die Bombe sah aus wie ein veralteter Staubsauger – nur war sie eben keiner. Einen Augenblick lang war er wie gelähmt. Dann arbeitete sein Hirn wieder, und er versuchte ein schiefes Lächeln. »Du hast den Falschen erwischt, Freund«, sagte er.

»Sind Sie Jonny Calvert?«

»Nein.«

Die Bombe schwieg einen Moment. »Doch, der sind Sie. Das Muster Ihrer Gehirnwellen stimmt mit jenem überein, das ich gespeichert habe.«

»Ach.«

»Außerdem befindet sich das Geld, das Sie Bingle, dem Buchmacher, gestohlen haben, in dem Plastiksack, den Sie zu verbergen versuchen.«

»Meinst du den da?« Er hielt den Sack hoch, den er eben in seiner Hose verschwinden lassen wollte.

»Ja. Vierhundertachtundsechzigtausend Dollar. Die gestrigen Einnahmen.«

Jonny zuckte die Achseln. »Nicht ganz. Ich habe das Hotel bezahlt und gefrühstückt.«

Die Bombe schwieg. Er versuchte sich an alles zu erinnern, was er je über Robot-Killerbomben gehört hatte. In erster Linie kosteten sie ein Heidengeld. Bingle mußte stocksauer sein, wenn er zu solchen Mitteln griff. Außer – Bingle diente der Mafia als Strohmann... Möglich. Die Mafia war ja nun eine legale Körperschaft. Sie zahlte ihre Steuern ebenso pünktlich wie die Vereinigten Solarwerke oder die U. S. Satelliten-Co., und wenn dabei ein Sümmchen unter den Tisch fiel, so hatte sie nichts dagegen, wie jeder andere auch.

»Wer hat dich geschickt?« fragte Jonny.

»Diese Frage kann ich nicht beantworten«, entgegnete die Bombe.

Noch etwas fiel ihm ein. »Nun gut. Wie lange habe ich Zeit, und wie hoch ist die Summe?«

»Ich bin eine Vierstundenbombe. Meine Rückholgebühr beträgt fünf Millionen Dollar.«

Jonny betrachtete sein Spiegelbild in der metallenen Haut der Bombe. Etwas über einsachtzig groß, neunzig Kilo Muskeln. Ein hübsches Jungengesicht von der Art, die in Frauenherzen Muttergefühle weckten. Dunkles, lockiges Haar. Zitternde Hände und eine Zunge, die nervös die Lippen anfeuchtete.

»Fünf Millionen Dollar? Das ist das Zehnfache von dem, was ich gestohlen habe!«

»Also geben Sie es zu?«

Er fühlte sich wie ein kleiner Junge, der beim Damespiel einen dummen Fehler gemacht hatte. »Hm. Ja. Ja, sicher, ich habe es gestohlen. Bingle zahlt nicht besonders gut.« Er sog scharf die Luft ein. »Fünf *Millionen*, sagst du? Soviel könnte ich niemals aufbringen, selbst wenn mein Leben davon abhängen sollte.«

»Tut es ja auch«, versicherte die Bombe.

Ein saurer Kloß formte sich in Jonnys Magengrube. Es konnte nicht wahr sein. Vielleicht wollten sie nur ihr Geld zurück, und das wäre das Ende der Geschichte. Vielleicht aber auch nicht. Seine Kiefer verkrampften sich bei dem Gedanken. »Kommt die Rettungsklausel zur Anwendung?« preßte er hervor.

»Selbstverständlich.« Die Bombe klang etwas beleidigt. »Wenn Sie es schaffen, während der nächsten vier Stunden irgendwie zu überleben, ist der Vertrag hinfällig.«

Ein äußerst matter Hoffnungsschimmer. »Wieviel Zeit habe ich noch?«

»Drei Stunden zweiundfünfzig Minuten zwanzig Sekunden.«

Jonny hechtete zur Tür. Der Bombe machte es nichts aus; einmal auf das Muster seiner Gehirnwellen abgestimmt, würde sie ihm überallhin folgen.

»Binnie, du mußt mir helfen. Hier ist dein Geld, fast bis auf den letzten Cent. Ich zahle auch den Rest, ich schwöre es. Und jetzt, bitte, pfeif deine Hunde zurück.«

Binnie Bingle blickte auf die Bündel von Geldscheinen, die auf seinem Schreibtisch lagen. Dann hob er seine traurigen braunen Augen und sah in Jonnys angstverzerrtes Gesicht. »Das würde ich gern tun, Jonny. Aber ich kann es nicht.«

Binnies Rasierwasser duftete nach Friedhofsblumen.

»Was soll das heißen, du kannst es nicht?«

»Es liegt nicht in meiner Macht«, sagte er ruhig.

»O nein, Binnie, du willst doch nicht sagen...«

»Doch. Ich habe den Vertrag nicht abgeschlossen. Die Organisation hat das gemacht. Sie mag Diebstahl nicht – zumindest dann, wenn es um ihr Geld geht.«

»Binnie, ruf an. Sag ihnen, ich hab' es zurückgebracht. Sag ihnen irgend etwas. Bitte, Binnie!«

Der Buchmacher überlegte. Er warf einen Blick auf die Bombe, die neben Jonnys rechtem Fuß hockte. »Wieviel Zeit ist noch übrig?« fragte er nervös.

»Drei Stunden eine Minute siebzehn Sekunden«, sagte die Bombe.

»Ah.« Binnie klang erleichtert. »Nun ja. Für einen Dieb bist du ein recht sympathischer Bursche, Jonny«, meinte er. »Okay, ich rufe an.«

Er griff nach seinem Stumm-Telefon und drückte ein paar Knöpfe.

Jonny versuchte, Bingles Lippen zu lesen, aber es gelang ihm nicht. Er wartete, den Geruch seines eigenen Schweißes in der Nase, salzigen Geschmack auf den zerbissenen Lippen. Der Buchmacher beendete sein lautloses Gespräch und blickte auf.

»Nun?« fragte Jonny.

Bingles kahler Schädel glänzte feucht. »Tut mir leid, Junge, kein Glück. Sie wollen ein Exempel statuieren. Ich habe nicht nachgehakt. Das nutzt bei solchen Typen nichts.«

»Diese Mörder«, bemerkte Jonny bitter. »Ich nehme an, du hast keine fünf Millionen, die du mir leihen möchtest, Binnie?«

»Junge, ich habe nicht mal fünftausend. Nein, sieh mich nicht so an! Ich habe dir einen Job gegeben, und du hast mich bestohlen. Niemand hat dich dazu gezwungen.«

Jonny senkte zerknirscht den Kopf. »Ich weiß. Aber ich habe nie im Leben gedacht...«

»Das ist ja das Problem: Du hast nie im Leben gedacht.« Bingles Blick schweifte zur Bombe. »Sieh mal, ich habe getan, was ich konnte. Aber dieses Ding macht mir Gänsehaut. Wie wäre es, wenn du jetzt verschwinden würdest?«

»Es kümmert dich nicht im geringsten, was aus mir wird!«

»Hat es dich gekümmert, was aus mir wird, als du mich bestohlen hast?«

Jonnys Gesicht verzerrte sich vor Wut. »Ich weiß nicht, weshalb ich dir das Geld überhaupt zurückgebracht habe!«

Bingle setzte ein wissendes Lächeln auf. »Weil du geglaubt hast, du müßtest«, sagte er. Er zeigte auf die Tür. »Mach's gut, Jonny; war nett, dich gekannt zu haben.«

Jonny saß auf einer Bank in der Nähe der Hafenstation und überdachte seine hoffnungslose Lage. Die Bombe kauerte neben ihm. In weniger als drei Stunden würde sie in einem Implosionsschild detonieren und alles zerstören, was sich in einem Umkreis von vier Metern befand. Es gab keinen Ausweg für ihn. Die Bombe war mit einem Transportmechanismus ausgestattet, der direkt und auf Fernsteuerung ansprach. Sie konnte sich in das Gehirnmuster eines Menschen einschalten und ihn aus der Gefahrenzone entfernen. Und obwohl es ihr nicht gestattet war, ihn zu teleportieren, konnte sie sich doch an Jonnys Hirnwellen festklammern und ihm überallhin folgen.

Jonny erinnerte sich an den Fall eines Mannes, der geglaubt hatte, einen schwachen Punkt in dem tödlichen System entdeckt zu haben. Ein grundsätzliches Verbot untersagte es der Bombe, irgend jemanden außer das Opfer selbst zu Schaden zu bringen. Der Mann schaffte es, sich zusammen mit einigen unbeteiligten Personen in ein Banksafe sperren zu lassen. Als es soweit war, teleportierte die Bombe einfach alle anderen aus dem Safe und detonierte. Einige von

Bingles Wettkunden pflegten ihr Geld seither den »alten Fred« zu nennen – wie der Unglücksrabe im Banksafe geheißen hatte.

Jonny schauderte.

»Du wirst mich töten«, sagte er verzweifelt. Er konnte es immer noch nicht begreifen. »Wegen einer lausigen halben Million wirst du mich in tausend blutige Fetzen reißen.«

»Ich bin ein höchst leistungsfähiger Mechanismus«, erklärte die Bombe stolz.

»Es ist aber nicht fair!«

Die Bombe antwortete nicht.

Die Polizei würde ihm nicht helfen. Seit das Mafia-Pack legal arbeitete, schaute die Polizei weg, wenn es sich um interne Zwistigkeiten handelte. Wen juckte es, wenn Gauner – innerhalb oder außerhalb des Gesetzes stehende – einander eins über den Schädel gaben? Solange kein Unschuldiger dabei zu Schaden kam, griff die Polizei nicht ein. Außerdem weckten die Rettungsklausel und das Gesetz zum Schutze Unbeteiligter den Eindruck, daß keinerlei ethische Grundsätze verletzt wurden. Denn wenn jemand unfähig war, sich mit Grips oder Geld aus der Schlinge zu ziehen, dann verdiente er es nicht besser.

»Ich nehme an, du bist unzerstörbar?« fragte Jonny.

»Aber nein. Auch ich kann vernichtet werden«, widersprach die Bombe.

»Darf ich fragen, wie?«

»Laser, starke Erschütterung, Hitze, Druck.«

»Würde mir das etwas nützen?«

»Möglich«, gab die Bombe zu. »Sie müssen nur sehr schnell sein. Im Fall eines Angriffs reagiert mein Explosionsreflex in Nanosekunden.«

Eine Nanosekunde. Eine Milliardstelsekunde. »Vergessen wir es«, sagte Jonny.

Eine Zeitlang saß er nur da und stierte vor sich hin. Ein galliger Geschmack stieg in seinen Mund. Das Straßenpflaster roch in der prallen Sonne nach kochendem Asphalt. Ohne aufzublicken, horchte er auf die Schritte vorbeieilender Passanten, die ruckartig innehielten und zurückschraken, wenn sie die Bombe bemerkten.

Plötzlich hatte Jonny das Gefühl, bereits tot zu sein, jenseits menschlicher Anteilnahme und Hilfe. Er stellte sich vor, wie die Erdschollen auf seinen Sarg fallen würden; es war ein unerfreulicher Gedanke. Die Sekunden tröpfelten dahin.

Er sah auf. »Es ist nicht fair«, wiederholte er.

Die Bombe glitzerte metallisch und schwieg.

»Ich werde sterben.« Resignation lag in seiner Stimme, und doch keimte darin etwas Kaltes, Gefährliches auf.

»Wie lange noch?« fragte er.

»Zwei Stunden vierzehn Minuten neun Sekunden«, teilte die Bombe mit.

»Das reicht«, sagte Jonny. Er stand auf und ging zielbewußt davon.

Binnie Bingles buschige schwarze Brauen krochen wie zwei Raupen seiner Stirnglatze entgegen, als er den Besucher erkannte. Jonny hätte um ein Haar laut losgelacht.

»Du!« rief Bingle aus.

»Ich«, bemerkte Jonny trocken. Er ließ sich an Bingles überladenem Schreibtisch nieder. Seine Augen glitzerten.

Bingle leckte über dünne bläuliche Lippen. »Was willst du noch? Ich habe dir schon gesagt...«

»Halts Maul, Binnie«, unterbrach ihn Jonny.

»Was? Hör mal, du mieser kleiner...«

Jonny brachte einen alten 38er Revolver zum Vorschein, ein Andenken an seinen seligen Vater. Er richtete die häßliche kleine Waffe auf die Nase des Buchmachers. »Ich sagte: Halts Maul!«

Bingle gehorchte. Ein Muskel begann unter seinem linken Auge zu zittern.

»Ich habe nachgedacht«, sagte Jonny. »Ich bin ein schlaues Kerlchen, weißt du. Ich konnte mir immer noch selbst helfen, wenn ich in der Klemme saß.« Er deutete auf die Bombe. »Aber ich habe keinen Ausweg aus *dieser* Klemme gefunden.«

Dunkle Flecken erschienen in den Achselhöhlen von Bingles weißem Anzug. Sonst stets von gepflegtem Äußeren, sah er nun so schäbig aus wie sein Büro. Sein Kinn zitterte.

»Ja. Und...?« fragte er.

»Ich werde sterben, Binnie. Aber ich möchte gern Gesellschaft dabei haben. Ich habe dich erwählt«, sagte Jonny schlicht.

»Du bist verrückt.«

»Vielleicht.«

»Dieses Ding wird mich wegzaubern, bevor es explodiert! Erinnere dich an Fred.«

»Zu diesem Zeitpunkt wirst du bereits etliche Löcher in dir haben. Das hilft dir also nicht. Die Bombe kann dich nur aus ihrer eigenen Gefahrenzone teleportieren.«

Bingle schwitzte sichtlich. Der Schweißgeruch in Verbindung mit dem schweren Blütenduft seines Rasierwassers war überwältigend. Sein gelbliches Gesicht zuckte und zitterte. »Jonny, weshalb ich? Glaubst du, ich kann dir helfen? Sicher, ich kann es versuchen. Ich rufe noch mal an.« Er griff nach dem Telefon.

»Nein! Rühr das Ding nicht an!«

»Warum? Vielleicht kommt doch etwas dabei heraus.« Bingles Augen flehten ihn an.

»Mach dir doch nichts vor! Du hast es selbst gesagt, diese Typen lassen nicht mit sich reden. Wenn ihnen mein Tod fünf Millionen wert ist, wird ihnen der Verlust eines miesen kleinen –« Jonny gab ihm die Beleidigung mit Genuß zurück. »– Buchmachers nicht viel ausmachen. Oder?«

Bingles schmale Schultern sackten ab. »Nein.«

Jonny heftete seine Augen auf den hageren Mann. Irgendwie schmeckte die Sache schal. Er schob die Pistole noch ein Stück vor.

»Jonny, ich habe eine Frau und zwei Kinder. Ich frage dich noch mal: warum ich?«

»Warum nicht du? Du hast mir die Suppe eingebrockt!«

»Das stimmt nicht! Sicher, ich mußte den Diebstahl melden, aber den Vertrag haben *die* gemacht. Ich kann da nicht mitbestimmen, das weißt du.«

Der Lauf der Waffe schwankte leicht und richtete sich dann wieder auf Bingles Gesicht. »Mit diesen Leuten kann ich aber nicht abrechnen. Also muß ich mich an dich halten.«

Jeder zitternde Muskel an Bingles Körper verriet seine entsetzliche Angst. Dennoch lag in seiner Stimme eine Spur Auflehnung. »Ja. Du bist dazu imstande«, sagte er bitter. »Du bist niederträchtig genug. Aber es ist trotzdem unfair.«

Jonnys Finger krümmte sich um den Abzug.

Unfair? Zum erstenmal in seinem Leben wußte er haargenau, was in einem fremden Kopf vor sich ging. Es verursachte ihm Übelkeit.

Er ließ die Waffe sinken. Dann stand er auf und legte sie auf Bingles Schreibtisch. »Du hast recht, Binnie«, pflichtete er bei. »Es wäre unfair. Alles ist unfair.« Er unterbrach sich und sah in Bingles faltiges Gesicht. »Ich bin ein Lügner, ein Betrüger, ein Dieb. Es hilft mir nichts, wenn ich auch noch zum Mörder werde.«

Bingle machte keine Bewegung.

Jonny lächelte. »Es tut mir leid, Binnie. Nichts für ungut.« Er drehte sich um und verließ das Büro.

Der Buchmacher starrte einige Sekunden auf die geschlossene Tür. »Viel Glück, Jonny«, murmelte er. »Mir tut es auch leid.«

Jonny wanderte eine Weile in der gleißenden Sonne umher. Halb betäubt dachte er an den unvermeidlichen Tod. Aber irgend etwas regte sich in seinem Unterbewußtsein... Klar! Warum nicht? Wenn er selbst schon unwiderruflich verloren war, so konnte er doch etwas tun, um dem nächsten Opfer zu helfen. Vielleicht würde sein Tod von Bedeutung sein, wenn es schon sein Leben nicht gewesen war. Er dachte nach. Und schließlich hatte er einen Plan.

Er ließ sich zur Bucht teleportieren und sah minutenlang über das unruhige Wasser. Dann ging er auf die Brücke.

Vor fünfzig Jahren hatte sie Tausende von Autos stadtaus, stadtein getragen. Jetzt trug sie die Häuser und Gärten der Reichen, denen die Aussicht gefiel. Etwa in der Mitte der Brücke fand er, was er suchte. Er mußte zwei Schlösser aufbrechen und einen Sicherheitszaun überklettern. Schließlich erreichte er die Leiter, die zur Spitze eines der mächtigen Pfeiler hinaufführte.

Es war ein einfacher Plan. Die Spitze des Brückenpfeilers war die höchste Stelle der Stadt, rundum gut sichtbar. Sein Kletterakt würde Aufmerksamkeit erregen, denn die Brücke war ein beliebtes

Ziel für Selbstmörder. Die Bombe würde ihn töten, wenn er sich da oben auf der Spitze befand, vor den Augen Tausender Menschen. Vielleicht würde das Volk diese Art von Mord nicht mehr dulden, wenn es erst einmal dabei zugesehen hatte.

Er kletterte weiter. Der Wind zerrte an ihm. Tief unter ihm sammelten sich winzige Gestalten. Ihre emporgewandten Gesichter waren undeutliche weiße Kleckse. Sie schwenkten ihre Arme und zeigten auf ihn. Gut.

Die Plattform am oberen Ende des Brückenpfeilers maß etwa einen Meter im Quadrat. Ein dickes Kabel lief darüber hinweg. Jonny setzte sich hin und ließ seinen Blick über die Stadt schweifen, den Rücken gegen das riesige Stahlseil gelehnt. Er ließ seine Füße baumeln. Die Brise war kühl und schmeckte nach Salz.

»Wieviel Zeit noch?« fragte er.

»Fünf Minuten zwölf Sekunden«, meldete die Bombe.

Weit unten begann jemand die Leiter zu besteigen. Eine Helikamera von einer lokalen TV-Station surrte vorbei und hielt in einigen Metern Entfernung in der Luft schwebend an. Jonny beachtete nichts davon. Er hob die Augen zum leuchtendblauen Himmel. Seemöwen drehten ihre weiten Kreise und stießen einsame, hoffnungslose Schreie aus. Das Kabel drückte hart gegen seinen Rücken. Die Luft roch prickelnd und rein. Die Sonne schien warm.

»Zehn Sekunden«, zählte die Bombe. »Neun... acht... sieben...«

Ein besorgtes Gesicht erschien am oberen Ende der Leiter. »Gehen Sie weg!« warnte Jonny. Die Bombe klickte einmal scharf. Das Gesicht verschwand.

»Fünf... vier... drei...«

Wie lebendig er sich doch fühlte! In einer Reflexbewegung spannte sich jeder Muskel seines Körpers an.

Bitte, laß es für irgend etwas gut sein, betete er.

»Herzlichen Glückwunsch, Jonny Calvert«, sagte die Bombe.

Er fühlte, wie seine Muskeln sich langsam entkrampften. »Was?« stammelte er nach einer Weile.

»Ich kann hier nicht detonieren. Sie haben überlebt. Der Kontrakt ist hinfällig.«

Eine kurze Pause. »Ich verstehe nicht«, flüsterte er. Benommen blickte er um sich.

»Ich darf keiner Person außer Ihnen Schaden zufügen. Doch ich kann Menschen nur aus der unmittelbaren Detonationszone teleportieren, wie Sie vor einigen Augenblicken gesehen haben. Meine Analyse der Brückenstruktur ergibt, daß meine Detonation unweigerlich eines der Tragkabel kappen wird. Die Brücke würde einstürzen, und Hunderte von Menschen kämen dabei zu Schaden.«

Jonny betrachtete die häßliche, plumpe Bombe. Mit Gesichtszügen ausgestattet, hätte sie wohl verwirrt dreingesehen. Er konnte nicht anders, er mußte lachen.

»Meine Hersteller werden für Ihr Schweigen eine beträchtliche Summe zahlen. Es gibt viele Bomben wie mich. Es wird eine gewisse Zeit dauern, die Produktion auf eine neue Sorte umzustellen.«

Jonny erhob sich mit schlotternden Knien. »Blödes Stück Blech«, zischte er. »Hier ist jede Geheimniskrämerei überflüssig. Es wurde alles gefilmt.« Er deutete auf die Helikamera. »Aber selbst wenn es nicht so wäre, könntest du dein Schweigegeld behalten. Ich brauche kein Geld, an dem Blut klebt! Ich bin kein Mörder.«

Als er seinen Fuß auf die Leiter setzte, spürte er den Wind auf seinem Gesicht wie den Atem eines neuen Lebens, und er erkannte, daß vieles sich gewandelt hatte in diesen vier Stunden.

Pfeifend begann er den langen Abstieg.

Aus dem Amerikanischen übersetzt von Biggy Winter

Somtow Sucharitkul

Die schwarze Fee

Die Konditionen schienen nicht die besten.

Aber die Zeiten waren rauh, nicht wahr? Ein Krieg mit Fremdweltlern, die man nicht hören noch sehen konnte. Machtkämpfe und Bürgerkriege im Herzen des weitverstreuten Menschen-Reiches.

Nein, es lag nicht an der Aussicht auf den Lohn. Oder an der fatalen Anziehungskraft des Überkosmos, dieses Raumes *jenseits* und *dazwischen,* wo das Licht toll wird und dich peinigt und in den Wahnsinn treibt mit unbekannten Sehnsüchten. Es lag auch nicht an der Zusage, daß nur die Hinreise in Normalzeit stattfand, während die Rückkehr garantiert in einer Tachyonen-Blase erfolgen sollte. Auf diese Weise würde er nicht mehr als zwei Jahrhunderte objektiver Zeit verlieren.

Kail Kirian fand die Konditionen zwar ausreichend. Aber für einen Astrogator seiner Fähigkeiten erschienen sie nicht übermäßig verlockend.

Nein.

Es lag an der Frau. Der Schwarzen Fee.

Das weiche, stolze Gesicht, das kohlschwarze Haar, die dunklen Augen, die Haut weiß wie Schnee, als habe kein Sonnenstrahl sie je berührt, das Flammencape, das sie einhüllte und liebkoste und wider die zerbrechliche Blässe glühte...

Alles an ihr war schwarz und weiß, eine monochrome Holoskulptur, projiziert in einen grellfarbigen Raum, ein Wesen von einer anderen Welt.

»Du nimmst das Angebot an?«

»Angebot...?«

Wo bin ich? Dies war der Planet Lalaparalla, besann er sich, Rastplatz für ausgebrannte Krieger; er kam eben erst hoch aus der *f'ang*-getränkten Benommenheit. Flüssige Zungen leckten die Krusten von seinen Lidern... Immer noch schmerzte der Krieg in seinen Knochen, und die *f'ang*-Nebel stiegen von neuem auf, seiner verletzten Seele beizustehen, ihn vergessen zu machen.

Ach ja. In der Herberge. Eine Nachricht. Erbeten wird ein Astrogator des Kail-Clans, der eine Gruppe von etwa fünfzig Personen zum Bestimmungsort Erde bringen kann. Konditionen nach Absprache. Ergeht an... Prüfer-Siegel.« Weshalb *erbeten*? Warum nicht *gefordert*, wenn es sich um einen Auftrag der Inquestur handelte?

»Nimmst du das Angebot an?« Eine harte Stimme.

Und dann erst, als die Nebel sich teilten, sah er ihre Augen.

»Ich möchte erst mehr darüber wissen«, sagte er verwirrt. *Diese Augen! Eine Frau wie diese kann es nicht geben. Ich bin immer noch im Drogentraum.*

Und dann erkannte er, wer hinter der Frau stand.

Hochgewachsen. Eine Lichtsoutane, blaßrot und bläulich durch die Nebel schimmernd. Die Züge streng. *Alt.*

Allmacht, dachte er. *Allgewalt. Ein Prüfer!*

»Zu Diensten«, sagte er automatisch. Er konnte kaum glauben, daß er wirklich einen vor sich hatte – während er nackt in einem *f'ang*-Bad saß. Und der andere einer der Herrscher des weitverzweigten Menschen-Reiches. Fast ein Gott.

»Du bist im Irrtum«, sagte der Prüfer und lachte leise. Er sprach nicht mit der volltönenden Autorität seines Clans. Irgendwie klang seine Stimme... sanft. »Ich kann dir keine Befehle geben. Ich bin nicht mehr *Ton* Davaryush, Herrscher von Gallendys, sondern nur mehr Davaryush, der Clanlose. Ich bin ein Abtrünniger. Und alle diese Leute hier um mich... sind Träumer, Flüchtlinge. Sie wollen sich lossagen vom Menschen-Reich.«

Das *f'ang,* es umnebelte wohl immer noch seine Sinne. »Du bist nicht wirklich«, murmelte Kirian. Er gab den Gedankenbefehl nach mehr Flüssigkeit, um seine Augen zu waschen und seinen Blick zu klären. *Prüfer stellen sich nicht an die Spitze von Irren auf der Jagd nach Hirngespinsten. Prüfer...*

Wieder betrachtete er die weibliche Gestalt.

Eine Frau wie diese gibt es nicht!

Doch da stand der Traum und weigerte sich zu schwinden.

»Dir winkt ein hoher Lohn«, sagte Davaryush. »Dreitausend Karat Tarn-Kristalle.«

»Dieses Argument wird dich überzeugen, wenn kein anderes dazu imstande ist«, zischte die Frau. »Feiler Söldner.«

Was geht hinter dieser blassen Stirn vor sich? Ich habe das Gefühl, ich sollte sie diesem Verrückten entreißen, sie auf einen einsamen Planeten bringen und...

»Ich nehme an, du hast noch nie vom Planet Erde gehört«, sagte der Prüfer. »Es ist ein verlassener Ort, weit jenseits der Welten des Menschen-Reiches. Unsere Vorfahren kamen vor langer Zeit dorther. Wir träumen von einer Rückkehr, einem Utopia dort, einer perfekten Welt.«

»Wir wollen unsere Kinder nicht mit sechs Jahren in den Kriegsdienst pressen lassen«, sagte die Frau. »Wir glauben, daß diese Zivilisation am Ende ist.«

»Der Krieg draußen gegen die Fremdweltler...«, warf Davaryush ein. »Weißt du, wie viele Planeten in Schutt und Asche liegen? Natürlich nicht. Die Inquestur gibt nichts preis...«

Kirian hörte kaum zu. Er konnte seine Augen nicht von der Frau abwenden; die Verachtung wich nicht aus ihren Zügen. Keinen Augenblick lang.

»Nimm nur diese Frau hier«, sagte Davaryush. »Sie stammt von Gallendys. Kennst du Gallendys?« Nebel umhüllte sein Gesicht.

»Nein.«

»Ihr Astrogatoren aus dem Kail-Clan, ihr, die ihr die delphinoiden Schiffsgehirne durch den Überkosmos lenkt – ihr wenigstens solltet Gallendys kennen. Weißt du wirklich nichts über die gigantischen delphinoiden Gehirne, die mit den Raumschiffen verschmolzen sind?«

»Was soll das?« fragte Kirian unbehaglich. »Ich bin kein Historiker, kein Philosoph. Nenn mir die Konditionen und laß mich entscheiden! Ich bin Soldat, ein Mann der Tat.«

Die Frau lachte auf, kurz nur, ein weiches Lachen. Vielleicht bestand sie doch nicht durch und durch aus Stein, wie ein toter Planet.

»Höre also«, fuhr Davaryush fort. »Auf Gallendys existiert ein riesiger vulkanischer Krater, hundert Kilometer hoch, tausend im Durchmesser. Er enthält eine dichte Atmosphäre, Relikt aus einem vergangenen Zeitalter... In diesem dunklen Land, über dem Sund der Nacht, treiben die Delphinoiden. Sie sind nur Geist, nur Gehirn. Sie können den Überkosmos direkt empfinden, ohne Instrumente. Aus dieser Fähigkeit ziehen wir bei unseren Reisen zwischen den Sternen Nutzen.

Doch höre weiter. Diese Delphinoiden singen, Kail Kirian. Ihre Lieder sind Holoskulpturen, kilometerweit ausgespannt über der ewigen Finsternis des Sundes der Nacht. Es sind Liedgemälde, Oden aus Licht, gewoben aus Visionen des Überkosmos. Es ist eine seltsame Musik – Harmonien, die einen Mann zu Tränen rühren, selbst kampferprobte Soldaten wie dich. Auch Prüfer. Und für jedes Raumschiff, das den Überkosmos kreuzt, muß ein Lied sterben.«

Die Nebel klärten sich endlich. Davaryushs Eindringlichkeit bewegte Kirian und machte ihn unsicher. Jetzt erst sah er die Gruppe im Hintergrund – noch mehr dieser Verblendeten.

Davaryush sprach weiter. »Kein menschliches Wesen, das je die Lichter über dem Sund der Nacht erblickte – die Gesänge von Geschöpfen hörte, deren Sinne dem jenseitigen Raum, der unbeschreiblichen Schönheit des Überkosmos, zugewendet sind … kein menschliches Wesen wäre nach diesem Erlebnis imstande, willentlich einen Delphinoiden zu töten. Die Inquestur aber setzte die Notwendigkeit der Raumfahrt voraus. Und so züchtete man eine Rasse, taub und blind. Man gab ihr einen Mythos und eine Mission. Nun leben diese Wesen in Dunkelheit und Stille in den Höhlen der Kraterwände. Sie fliegen in ihren Luftschiffen hinaus zu den Delphinoiden, fangen sie mit Energienetzen ein und liefern sie ab. Sie wissen nicht, daß ihre Beute an Raumschiffe verfüttert wird, zur höheren Ehre des Menschen-Reiches.

Einst herrschte ich über Gallendys. Diese Frau war ein genetischer Rückfall: Sie konnte sehen und hören. Als junges Mädchen schloß sie sich der Heiligen Jagd an. Was sie sah und hörte, trieb sie weg aus dem dunklen Land, fast von Sinnen vor Entsetzen, in die Stadt Effelkang, wo ich herrschte. Später führte sie mich hinaus, und ich konnte mit eigenen Augen sehen. Ein alter Mann und ein Mädchen, erlebten wir das Hinmetzeln jeder Freude. Das veränderte uns …

Alle hier hatten dieses Erlebnis. Alle.«

Nun betrachtete Kirian die anderen im Hintergrund: ein alter Mann; Kindersoldaten mit Laserpupillen, die ihn mit einem flüchtigen Blick und einem lautlosen Befehl töten konnten; eine Matrone; ein junger Hermaphrodit im Hurengewand; ein Prinz, gekleidet in Lapis und Iridium; ein Sklavenjunge mit dem Brandzeichen der Chrysantheme auf der Stirn; ein Singmädchen mit der Flüsterlyra...

Wie schamlos sie sind, dachte er. *Wie sie sich zusammenrotten, ohne Ansehen des Ranges! Wie frech sie das Standesprinzip mißachten!* Der Sklavenjunge und der Prinz hielten einander an den Händen. Der Hermaphrodit lehnte sich an den Arm eines Kindersoldaten, jedes Gefühl für Schicklichkeit verhöhnend.

»Ihr seid anstößig.«

»Laß die Kritik«, sagte die Schwarze Fee kalt. »Nimm deinen Lohn und sei uns zu Diensten.«

Der Prüfer bedeutete ihr zu schweigen. Mit eigenartiger Sanftmütigkeit... »Wir wollen nicht mehr zürnen. Denk daran!« Im selben Tonfall sagte er zu Kirian: »Wir alle haben ähnliches durchgemacht wie diese Frau, und wir alle kehrten dem Menschen-Reich den Rücken zu. Ich sage dir das, damit du verstehen kannst, weshalb ich – ein Prüfer, ein früherer Herrscher, und nun auf der Suche nach einem Zukunftstraum – bittend zu dir komme.«

Kirian war zutiefst entsetzt. Nur ein einzigesmal in seinem Leben...

Und dann äußerte er seine größte Sorge: »Dieser Planet Erde. Ist die Route in den Karten verzeichnet? Muß man mit Störungen im Raum-Zeit-Kontinuum rechnen? Gibt es Tachionen-Wirbel auf dem Weg?«

»Es sind keine bekannt«, erklärte Davaryush. »Außerdem konnte ich genug Energie für eine Tachionen-Blase anfordern. Sobald du uns auf der Erde abgesetzt hast, kannst du damit auf deine Heimatwelt zurückkehren.«

Allmacht! Allgewalt! »Du mußt ein sehr mächtiger Mann gewesen sein«, stellte Kirian fest, erstaunt, wie tief der Prüfer gesunken war.

Denn das Geheimnis der Tachionen-Blase war nur der Inquestur bekannt. Blasen in der Normalzeit, geformt und zusammengehalten mit ungeheurem Energieaufwand – mit dem Tod von Sonnen, so hörte man gelegentlich –, stießen sie durch Ebenen noch über dem Überkosmos und bewegten sich in Nullzeit... Wenn Davaryush tatsächlich in der Lage war, solch ein Ding zu beschaffen, halbierte sich Kirians Reisezeit, und die Probleme der Zeitdilatation wurden geringer.

Nicht, daß ihm die Zeitdehnung Sorgen machte: Nur ein Einzelgänger eignete sich zum Astrogator; nach jeder Rückkehr von einer Reise waren seine Freunde in der Zwischenzeit alt geworden, manche gestorben. Ein geselliger Mensch konnte das auf Dauer nicht ertragen.

»Ich würde nicht zögern«, gab er zu, »wenn ich nicht gemeinsam mit euch Narren reisen müßte.«

Der Sklavenjunge und der Prinz rückten näher zusammen, als tröstliche Stütze füreinander. Sie hielten den Arm um des anderen Schulter gelegt. Widerlich.

Die Schwarze Fee rief:

»Habe ich es nicht gesagt, Daavye?« Kirian zuckte zusammen; eine Frau, die keinem Clan angehörte, wagte es und sprach einen Prüfer mit der vertraulichen Kurzform seines Namens an. »Er ist ein Söldner! Für das, was *wir* vorhaben, werden wir ihn niemals bezahlen können! Wir treten doch alles mit Füßen, woran er glaubt! Er ist ein Rädchen im Getriebe, eine Ratte im Labyrinth, und er wird es nie verstehen...«

»Halt ein«, unterbrach Kirian.

Sie drehte sich um und sah ihn an. Die Nebel hatten sich gelichtet, und sie war so real, wie keine Überdosis *f'ang* sie je schaffen konnte. Der Wunsch, sie zu berühren, überwältigte ihn mit solcher Intensität, daß es fast schmerzte... Aber er durfte nicht einmal die Hand ausstrecken. Die Kluft zwischen ihnen war zu tief. Weder ihre Unnahbarkeit (er ahnte, daß es vor allem Unsicherheit war) noch ihre Schönheit schuf diese Kluft. Sondern die Tatsache, daß sie sich weigerte, ihn als Person zu betrachten, daß sie in ihm nur ein Exemplar seines Clans sah. Lag Verletztlichkeit hinter ihrem Hohn?

»Nur der Planet Erde kommt in Frage«, erklärte Davaryush eben.

»Er ist so sehr aus dem Gedächtnis der Menschen getilgt, daß sie uns nicht entdecken und töten werden. Darüber hinaus ist er die Quelle, der Ort alles Beginnens, Sinnbild für die Wurzeln der Vergangenheit...«

»Rede nicht weiter«, unterbrach ihn die Schwarze Fee. »Es sind nur leere Worte für ihn, du sprichst nicht seine Sprache.« Ihre Stimme klang bitter; bei wie vielen Astrogatoren hatten sie bereits ihr Glück versucht?

»Ich habe noch nicht nein gesagt, oder?« Kirian heuchelte Grobheit.

Sie rückten einen Schritt näher.

Er merkte, wie sie den Atem anhielten; er sah die Frau und den Prüfer einen schnellen Blick wechseln, der ihn ausschloß aus ihrem überdrehten Weltbild, ihrer törichten Philosophie...

Und plötzlich kam ihm seine Nacktheit zu Bewußtsein.

Anfangs war es eine Routinereise.

Die Passagiere hatten sich für den Dauerschlaf entschieden; erst auf der Erde würden sie erwachen. Alle außer Davaryush: Als Prüfer durfte er – wenn auch entmachtet – seine Führungsrolle niemals vergessen. Und die Schwarze Fee. Kirian verstand sie nicht: sechs Monate Subjektivzeit im Überkosmos... Aber er wischte den Gedanken an sie beiseite. Versuchte es zumindest.

Er lag zurückgelehnt in der engen Kabine. Gewölbte Spiegelwände umgaben ihn, schirmten ihn ab. Dies war das Herz des Raumschiffes. Er schloß die Augen und fühlte hinaus mit implantierten Sensoren. Es war zu seiner zweiten Natur geworden; seit seiner Pubertät hatte er nichts anderes getan.

Das delphinoide Schiffsgehirn erwachte zu Leben, wogte wie ein Ozean in der Nacht. Ein weiches, vertrautes Gefühl. Endlose Kissen von Dunkelheit strömten vorbei... er wußte, das Raumschiff löste sich aus der Orbitalverankerung. Aber er sah nichts davon. Er war allein... alles so still...

(Welch ein Gefühl das wohl war – hineingeboren in das dunkle Land von Gallendys, die Liedgemälde der Delphinoiden zu sehen und zu hören... und keine Worte zu besitzen, um den Protest hin-

auszuschreien? Und wie kann etwas von solcher Schönheit sein, daß man es nicht übers Herz bringt, es zu töten? Töten. Ebenso zweite Natur für ihn wie die geistige Berührung mit dem delphinoiden Schiffsgehirn. *Wenn ich den Befehl dazu bekäme, könnte ich die Frau, die Schwarze Fee, töten?)*

Kirian gehörte nicht zu den großen Denkern. Denken war Sache der Prüfer. Er konnte es sich nicht leisten zu denken.

Die Wärme des Delphinoiden umfing ihn.

Dann eine Stimme, die sich in sein Bewußtsein schlich...

Hörst du mich?

(Ein ungeübter Delphinoid. Er würde das fremde Gehirn mit festen Anweisungen auf die richtige Flugebene bringen müssen!)

Ich höre dich, flüsterten seine Sinne. *Bist du bereit?*

Ich fürchte mich. Diese Route ist schlecht kartographiert...

Ruhig. Nur ruhig! sprachen seine Gedanken wie zu einem verängstigten Kind. Aber auch er fürchtete sich.

Denn er wartete auf den Augenblick blinder Angst, die ihn immer überfiel, Sekunden vor dem Sprung in den *anderen* Raum, wo Zeit und Licht verrückt spielten. Eine Erinnerung würde ihn heimsuchen, ein Alptraum...

Sein erster Kriegseinsatz. Er war eben sieben Jahre alt. Ein Neuling. Ein Nichts. Der Erstbeste konnte seinen Tod anordnen. Hundert Raumschiffe, zusammengedrängt in Schildformation, die durch den Überkosmos rasten; und er allein auf einem Deck mit transparenten Wänden, und draußen tobte das Licht des Überkosmos und schriller Alarm und kreischende Sirenen und er so allein... und...

Eines nach dem anderen stürzten die Schiffe in die Finsternis.

Ein Schauspiel von grausamer Schönheit...

Sie flogen in goldrote Flammennetze und verschwanden, jeweils ein Schiff nur, wie Perlen einer gerissenen Kette, die ins Wasser glitten. Und später, auf einem anderen Deck, standen die Kinder nackt, nur ein schwarzes Trauercape über die Schultern geworfen, steif und furchtsam in Reihen, während die Prüfer auf und ab schritten und vor Zorn rasten. Ihre Lichtsoutanen riesige flatternde, rötliche Reflexe in den silbrigen Spiegelwänden.

Was ist mit den anderen Schiffen geschehen?

Nicht auf die anderen Kinder schauen. Gehorchen oder sterben.

»Es war ein Tachionen-Wirbel.«

Die Stimme des Prüfers rauh und heiser über seinem Kopf. Und Kirian konnte die Stille fast mit den Händen greifen. Mehr Auf- und Abschreiten, das gespenstische Vibrieren des Bodens unter den pelzbesetzten, knisternden Sohlen des Prüfers. Ein Kind brach in Tränen aus. Er schloß ganz fest die Augen. Den Jungen erwartete die unehrenhafte Entlassung und die Rückkehr auf die Heimatwelt... Ausdruckslos. Mach dein Gesicht ausdruckslos.

Die Stimme eines anderen Prüfers: »Vergeßt dieses Erlebnis niemals, solange ihr lebt! Tachionen-Wirbel sind von Menschenhand gemacht. Während der ersten Experimente mit Tachionen-Reisen gab es törichte Fehler. Alles was sich mit höherer Geschwindigkeit fortbewegt als das Licht, wie Tachionen etwa, muß, mit unserem Universum verglichen, einen negativen Zeitablauf haben.

Die ersten Menschen, die diese Experimente durchführten, wurden in die Vergangenheit geschleudert, verzerrten das örtliche Raum-Zeit-Gefüge und zerrissen die natürliche Ordnung. Diese Tachionen-Wirbel sind immer noch vorhanden, Symbol der Gier nach Wissen! Sprecht mir nach: Es ist gut und richtig, daß die Inquestur allein das Geheimnis der Tachionen-Reisen kennt.«

Der Chor unisono: *Es ist gut und richtig, daß die Inquestur allein das Geheimnis der Tachionen-Reisen kennt.*

»Es ist verwerflich, Naturgesetze in Frage zu stellen. Nur die Inquestur ist weise.«

Es ist verwerflich...

Ihr Schiff entging als einziges der Vernichtung.

Später stießen sie zurück in den Normalraum nahe dem Stern Keima und zerstörten den Planeten Zelterkangh. Es handelte sich um eine einfache Strafexpedition – nichts, was ein einzelnes Raumschiff nicht allein erledigen konnte.

Einen Moment lang lebte die Angst wieder auf, in der Dunkelheit und Stille des Schiffes. Noch nach zwanzig Jahren. Diesmal vielleicht sogar lebhafter als sonst...

Es ist also auch nicht perfekt, dieses Universum. Soweit haben meine Narren recht. Aber es ist falsch davonzurennen. Sie sollten die Dinge nicht in Frage stellen. Der Mensch ist nun einmal ein gefallenes Geschöpf, dachte er.

Schnell schloß er die Erinnerungen wieder in ihren Käfig.

Ihr könnt mich nicht mehr quälen, log er sich vor.

Doch der Alptraum rüttelte an den Stäben, diesmal eins geworden mit den Augen der Schwarzen Fee. Aber er zwang ihn zurück. Und schließlich nahm ihn die Dunkelheit des Schiffsgehirns auf, doch nicht, ehe er lange, lange in die Augen der Frau gestarrt und das Rätsel zu ergründen versucht hatte.

Nach einigen Wochen riß er sich vom Schiffsgehirn los und taumelte hinauf zum Observatorium.

Sie war allein dort. Alle Wände waren auf Transparenz geschaltet. Sie standen auf der metallischen Tragscheibe, schwebend...

Der Überkosmos toste. Beklemmte ihn. Kein Entrinnen davor.

Sie starrte bewegungslos hinaus, eine Silhouette nur. Selbst die Strahlen ihres Flammencapes schienen gedämpft. Sie bemerkte ihn nicht, den Blick geheftet auf...

...weißgekrönte Wogen, gepeitscht von zinnoberroten Hurrikanen, gelbliche Lichtgipfel stürzend und berstend über einer Flut von blendendweißen Feuerrädern...

»Du solltest dich nicht so lang dem Überkosmos aussetzen.«

Unter seinen Worten zuckte sie erschrocken zusammen. »Du wirst dir die Augen zu Asche starren!« Er sprach weiter, denn er ertrug das Schweigen nicht. »Es kam schon vor, daß Leute dabei den Verstand verloren. Sie waren diesem Übermaß an Eindrücken nicht gewachsen...«

»Es ist wunderschön.« Sie drehte ihm den Rücken zu.

...grüne Flammengeysire ergossen sich durch scharlachrote Wälle, Schleier rissen auf und gaben neue Schleier frei...

»Es ist nichts außer einer endlosen Folge von Sinnestäuschungen, weil wir mit unseren Hirnen nicht erfassen können, was wir sehen.« Verdammt, weshalb ignorierte sie ihn?« Verbringst du alle deine Interstellarreisen so?«

»Alle. Ich habe Angst vor dem Dauerschlaf.« Zart und fragil stand sie vor dem Farbensturm.

»Es ist nur Licht.«

»Die Welt der Delphinoiden, Kirian. Ist es nicht unglaublich?« Sie wandte sich um und betrachtete ihn. Er begehrte sie in diesem Augenblick und verabscheute sie zugleich, und er brachte keinen Ton heraus.

»Du hast so viele Worte«, sagte er schließlich. »Als ob Worte das Universum retten könnten. Wie euer Utopia... nichts als Worte.«

»Du armer Söldner...«

»Ich brauche dein Mitleid nicht! Du kehrst der Realität den Rükken, träumst hoffnungslose Träume...«

»Von Liebe, Kameradschaft, von diesen Dingen...« Sie begann ihm alles zu erklären, und es erschien ihm wie kindliche Sehnsüchte, Illusionen – undurchführbar, destruktiv. »Ach, ich sehe, es beeindruckt dich nicht. Wie könnte es auch? Man hat dir so viele Lügen erzählt, daß du die Wahrheit nicht mehr erkennen kannst, und wenn dein Leben davon abhängt!«

»Um sich einer Sache so sicher zu sein...«, begann er. Ihre Augen strahlten. Sie blickte durch ihn hindurch, direkt in eine Welt, die sie und die anderen in ihrer Fantasie geschaffen hatten. »Du bist auch nicht vollkommen«, sagte er schroff.

»Natürlich nicht! Aber...«

»Du fühlst dich so überlegen! Du willst mich nicht sehen, wie ich wirklich bin, sondern so, wie es deinem Klischeebild entspricht!«

Sie wandte sich heftig ab. Nein, sie war kein Engel.

...Vulkanschlünde stülpten sich um, Lichtfedern strömten aus Kristallteichen, die in Mosaiken zerbarsten...

»Warum sollte ich Menschen wie dich nicht hassen?« stieß sie hervor. »Du weißt genau, welche Leiden den Delphinoiden zugefügt werden! Wie jede Sekunde ihres Lebens zu unvorstellbarer Pein wird, von dem Augenblick an, da sie ins Raumschiff eingeschlossen werden und ihr sie zu einem Leben ohne Gesang zwingt – etwas, das über euer Begriffsvermögen hinausgeht!«

»Verstandesmäßig ist man in der Lage...«

»Jedes Parsek unserer Reisen durch das Menschen-Reich hat einem fühlenden Wesen entsetzliche Schmerzen bereitet! Wie kannst du damit leben? Wie können wir alle damit leben? Wenn du wirklich damit leben kannst, dann bist du...«

Sie hatte recht. Nur mußte es eben so sein. Es gab keine Alternativen.

»Sind die Liedgemälde noch schöner als dies hier?« fragte er schließlich.

Ohne ihn anzusehen, sagte sie: »Sicher! Die Liedgemälde sind Kunst, und das hier sieht zwar sehr schön aus, aber es sind doch nichts als ungeordnete Lichtgebilde.«

Sie ist die erste Frau, die mich verachtet! Ich bin aber kein Klischee, ich bin ein menschliches Wesen! dachte er. Sie stand ganz still. Wie eine Holoskulptur im Museum: unantastbar.

Du bist stolz, so stolz. Das verträgt sich nicht mit deinem eindrucksvollen Vortrag über Liebe und Brüderlichkeit. Du bist eine Heuchlerin, darin unterscheidest du dich nicht vom Rest der Menschheit.

Über ihnen dehnte sich der Feuersturm in die Unendlichkeit. Hinter den Schwingen des Sturms, jenseits der Farbwolken, schossen blaßgelbe, krumme Lichtschlangen vom Dunkel ins Dunkel.

Und er war neidisch auf die Endgültigkeit, mit der die Schwarze Fee die ganze Galaxis aufgegeben hatte, und eifersüchtig auf die Narren, die zwischen ihnen standen.

So zog er sich wieder zur tröstlichen Dunkelheit des Schiffsgehirns zurück, breitete sie über seine Gedanken, wie ein Kind sich zurückzieht in eine Decke, angefüllt mit vertrauten Gerüchen und flüchtet vor den Ängsten der Nacht.

Er nahm auch willig den wiederkehrenden Alptraum des Tachionen-Wirbels auf sich... begrüßte ihn als etwas Gewohntes.

Viele Monate später. Aus der Dunkelheit heraus...

...stürzte er blind in ein Entsetzen, das nicht sein durfte. Seine Sinne schrien ANOMALIE ANOMALIE gegen die unnachgiebige Logik des Schiffsgehirns; Dunkelheit preßte ihn in noch tiefere Dunkelheit, schreiend fallend glühend ANOMALIE ANOMALIE...

(Erinnerung: hundert Schiffe, die in Flammennetze fielen.)

Unterbrich die Verbindung!

(Erinnerung: allein auf Deck mit heulenden Sirenen.)

Das Schiffsgehirn beruhigte ihn: *Kail Kirian, wir haben den Tachionen-Wirbel wohlbehalten umfahren.* Ein tonloses Flüstern in seinem Gehirn.

»Identifiziere die Anomalie!« rief er drohend. »Zum letztenmal!«

Es ist ein Tachionen-Wirbel, Kirian. Was sonst soll ich sagen?

(Ein *f'ang*-Traum?) »Wenn das stimmt, sind wir vom Kurs abgekommen.«

Nein.

»Doch! Wir sollten uns in Erdnähe befinden. Die fehlgeschlagenen Experimente haben aber Jahrtausende nach dem Verlassen der Erstwelt stattgefunden!«

Ich verstehe das. Ich verstehe die Unwahrscheinlichkeit. Trotzdem, was ich fühle, fühle ich.

»Woher sollten die Wirbel in diesem unbewohnten, verlassenen Sektor kommen? Du funktionierst fehlerhaft...«

Nein.

Kirian unterbrach die Verbindung. Er passierte den Energievorhang und trat ins Observatorium. Sie war immer noch dort. Es schienen Minuten, nicht Monate vergangen zu sein.

...Feuerblasen schäumten in lichtgewobenen Schleiern, durchbohrt von glutflüssigen Blitzen...

Auch der alte Mann war da. Seine Lichtsoutane glühte sanft gegen die dunklen Flecken der Nacht.

Die Schwarze Fee wandte sich um.

Er starrte sie an. Das Licht des Überkosmos umstrahlte ihr Gesicht, das offene schwarze Haar; das Flammencape rührte an ihren schlanken Körper. Er konnte nicht sprechen.

Davaryush ergriff das Wort. »Wir haben eine... Erschütterung verspürt.«

»Tachionen-Wirbel.« *Ich darf nicht ängstlich klingen. Darf nichts verraten.*

»Das ist...!« begann die Frau.

»Ich weiß! Ich weiß, es ist unmöglich!«

Der Prüfer fragte: »Wird es unsere Ankunft verzögern?«

Ist das alles, woran sie denken können? Ihre törichte Sendung? Die Schwarze Fee kam näher, und sein Begehren verwirrte ihn. »Nicht lange.«

»Sehr gut«, sagte sie. Fanatische Augen, die glänzten...

»Ich teile nicht euren Traum«, entgegnete er ärgerlich. »Ich möchte nichts anderes als aus dieser Anomalie herauskommen!«

»Söldner!«

»Du solltest dich in den Dauerschlaf versetzen!« rief er. »Du hältst dem psychischen Druck nicht stand!«

»Mädchen«, warf der Prüfer ein, »Zorn, Haß – alles Dinge, die wir aufgeben wollen.«

Sie beruhigte sich. Hinter ihr teilten sich die Lichtschleier... zersplitterten... lösten sich auf...

Ohne Warnung fiel die Finsternis über sie.

WAS HAST DU GEMACHT? schrie er.

Noch ein Wirbel! antwortete das Schiff. Gedankenbänder rissen ab. Atem von Finsternis um ihn, Zahlen tanzten und schwankten in seinem Kopf...

Nachher schossen sie aus dem Überkosmos in eine Nacht voll unbekannter Gestirne. Ganz in der Nähe eine gelbe Zwergsonne, ohne Bedeutung. Der Normalraum war langweilig, verglichen mit dem Überkosmos. Kirian blieb in seinem spiegelnden Kokon und überdachte den Schaden. Er war groß, sehr groß.

Die Utopier hatten keine Chance.

Die Stase-Systeme funktionierten nicht mehr. Sie waren alle tot: der Prinz, der Sklavenjunge, das Mädchen mit der Lyra, der Hermaphrodit, alle, alle, mit ihren hoffnungsvollen Augen und ihren verblendeten, törichten Träumen...

Das System der Tachionen-Blase war auch vernichtet. Er mußte sich für seine Rückkehr mit dem Delphinoiden-Schiff begnügen. Er würde vier Jahrhunderte an die Zeitdilatation verlieren, nicht zwei.

Bevor er das Observatorium betrat, dunkelte er die transparente Kuppel ab. Er fühlte sich behaglicher zwischen grauen Wänden.

»Ihr müßt umkehren.«

Sie sahen ihn verständnislos an. Holoskulpturen aus einer anderen Welt.

»Seht, der letzte Tachionen-Wirbel hat eure Chancen zunichte gemacht. Wenn es je welche gegeben hat. Die Dauerschlafpassagiere sind tot, für immer. Ihr könnt keine lebensfähige Kolonie bilden. Ihr könnt nicht einmal die Menschenrasse fortpflanzen – du mußt über dreihundert Jahre alt sein, Davaryush.«

»Vierhundertzwölf.«

Unerwartet erfüllte ihn Trauer um ihren zerbrochenen Traum. Aber er verdrängte sie. »Das Schiffsgehirn kann uns jederzeit nach Hause führen«, erklärte er. »Es weiß jetzt, wo die beiden Anomalien liegen...«

»Nein!« rief die Schwarze Fee aus. »Nicht, solange wir noch einen zeugungsfähigen Mann haben...« Ihre Augen bohrten sich feindselig in die seinen.

Nein. Ich begehre sie, aber so nicht...

»Halt, warte!« unterbrach er sie zornig. »Ich trage nicht den Kopf in den Wolken wie du und der Prüfer. Ich *weiß,* wohin ich gehöre. Mein Teil des Abkommens ist erledigt. Euer Plan ist fehlgeschlagen, und es tut mir leid für euch. Ich werde euch nach Hause bringen und verlange keinen Extralohn. Ich kann nicht einen alten Mann und eine Frau auf einem toten Planeten sich selbst überlassen...«

»Niemals! Nicht nach den Qualen, die der Delphinoid ertragen mußte, um uns hierher zu bringen.« Die Schwarze Fee zitterte. »Wir haben geschworen, ihn zu töten, um ihn von den Fesseln des Schiffes zu erlösen.«

Er bemerkte, daß sie dabei war, ihn abzuschätzen: als genetisches Material, als Zuchtsubstanz – ein Bauer im Schachspiel ihrer Utopie... Er wünschte so sehr, ihr helfen zu können, trotz ihres Hasses... Aber es war sinnlos. Auch ein fanatisches Gehirn mußte das begreifen.

»Ich möchte zurück auf die Welten, die ich kenne«, beharrte er.

»Mit ihren Kriegen und Kämpfen«, warf Davaryush ein. »Es ist wohl ungewiß, ob das Menschen-Reich noch existiert, wenn du zurückkehrst.«

Das kann ich nicht gelten lassen. »Nein!«

»Hör zu!« sagte die Schwarze Fee ruhig. »Wir werden auf der Erde landen. Dann wirst du mich schwängern und kannst gehen. Du begehrst mich doch, oder? Ich bin schön, nicht wahr?« Und sie begann zu weinen, ein schreckliches, krampfhaftes Schluchzen.

Aber er hatte Angst, sie zu trösten.

»Delphinoide machen keine Fehler...«, begann er.

»Sprich nicht wieder von Delphinoiden!« schrie sie auf.

»Es geht vorbei«, meinte der Prüfer leise. »Du kannst nicht verstehen, was sie auf Gallendys durchmachte.«

»Nimm die Wände weg!« schrie sie. »Ich will die Erde sehen! Ich möchte den Traum betrachten!«

Abrupt erglühte der Sternenstrom in der Schwärze hinter ihr. Sie drehte sich um und heftete ihren Blick auf die winzige gelbe Scheibe. Er versuchte den Arm um sie zu legen, aber sie war eine Statue.

»Denk an die Qualen des Delphinoiden.« Ihre Stimme klang ruhig; ihre Augen sagten: *Tier*.

»Die Verzweiflung hat uns getrieben, Kail Kirian«, ertönte die Stimme des Prüfers hinter ihnen. »Du *mußt* uns auf die Erde bringen; und dann, wenn du dich entschließt zu gehen, dürfen wir zumindest sterben auf dem Boden, der uns hervorgebracht hat. Auf dem Planeten, der unangetastet ist von der Inquestur...«

Und wider Willen berührten ihn diese Worte.

Lästige Sache! Er sehnte sich nach Schlachten und Gefechten, dort gehörte er hin. Hier waren sie so unvorstellbar weit weg vom Herzen des Geschehens – so weit entfernt wie die Uranfänge der Menschheit. Sogar die Sterne standen dünn gesät in diesem Ausläufer eines galaktischen Arms. Kälteschauer liefen über seinen Rücken.

»Nun gut«, hörte er sich sagen. »Ich werde euch auf der Erde absetzen und dann zu den Heimatwelten zurückkehren. Obwohl ich es kaum mit meinem Gewissen vereinbaren kann, wenn ich euch im Stich lasse.«

»Ach«, spottete die Frau. »Du hast ein Gewissen?« Aber ihre Augen dankten ihm.

Solange sie mich haßt, dachte er, *kann ich sie nicht berühren. Vielleicht gibt es trotzdem einen Weg...*

»Schau! Die Erde!« flüsterte Davaryush.

Sie lächelten beide und versanken wieder in ihrem Traum. *Wie konnten sie lächeln, wo es keine Hoffnung gab? Wie konnten sie...*

Die Erde hing in der Schwärze: irisierend, bläulich-weiß, wunderschön, tot.

Wüste. Steinige Wüste, Sandwüste, hügelige Wüste, Wüsten geborstenen Glases, vermutlich Überreste von Städten, die Verheerungen dem Erdboden gleichgemacht hatten... Eiswüsten auf den unwirtlichen Polarkappen. Jahrtausende zuvor hatte der Mensch gründliche Arbeit geleistet, als er die Erde in eine tote Welt verwandelte.

Im Norden einer der großen Landmassen fanden sie Flächen schütteren Grases, graugelb und mit dürren Stoppeln durchsetzt. Die Fähre setzte in einer hügelumsäumten Ebene auf, in der Nähe eines Baches, der jenseits des Horizonts in einen trägen Fluß mündete. Die Fähre klappte Räder aus – Kirian erinnerte sich mit Schrecken, daß hier keine Transmitterplatten zur Verfügung standen, mit denen man von Ort zu Ort reisen konnte! – und wartete.

Sie standen zu dritt an dem Flüßchen. *Mein Gott, sie wissen nicht einmal, wie man ein Lager errichtet und Nahrungsvorräte anlegt,* dachte er. Diese Fertigkeiten erwarb ein Kail schon in frühester Kindheit.

»Ich helfe euch besser bei der Suche nach etwas Eßbarem.« Er bemühte sich, ihren Augen auszuweichen, aber es war nicht nötig: Sie betrachteten voll Entzücken ihre neue Welt.

Nahrungsmittel waren bald gefunden. Auf den Hügeln wuchsen Obstbäume, die runde, rötliche Früchte mit gelbem Fleisch trugen. Und aus dem Flüßchen sprangen neugierige Fische ohne Scheu in ihre Kraftnetze.

Sie werden ein idyllisches Leben führen, dachte Kirian, *ohne meine Hilfe.*

Bis zu ihrem Tode.

Er wollte sich nicht eingestehen, daß er die Zeitdilatation von vierhundert Jahren fürchtete, und die Tachionen-Wirbel, die es nicht geben durfte... *Ich kann sie nicht Hals über Kopf verlassen,* redete er sich ein.

Am nächsten Tag durchforschten sie die Umgebung. Sie stiegen zu Fuß auf die Anhöhen. Davaryush benützte einen Gleiter – die Schwerkraft war etwas höher als gewohnt, und er spürte sein Alter.

Die Frau schwieg während der ersten Stunden.

Er betrachtete sie von der Seite, wenn sie es nicht bemerkte, und sah, daß sie ihren Seelenfrieden gefunden hatte. Sie steckte ihr Haar nicht mehr auf, und es flatterte im Wind. Das Feuercape war fast erloschen; die Flammen wichen einem sanften Perlmuttschimmer. Sie gehörte endgültig hierher.

Der Boden war weich und nachgiebig unter seinen Schritten. Ein ungewohntes Gefühl, ganz anders als die metallische Härte von Transmitterplatten.

Es würde Tage, Monate dauern, den Planeten zu erforschen. Es war eine tote Welt, kein Zweifel. Zwanzig Jahrtausende hatten sie blank gerieben. Sie fanden keine versunkenen Kathedralen, wie die Sand-Akropolis auf Kellendrang, dem kriegsgeschüttelten Planeten, keine ausgeglühten Wolkenkratzerskelette, die kilometerhoch aufragten über den feurig verschneiten Horizonten von Ont...

Kurz vor dem Gipfel der Anhöhe sagte er verlegen: »Ich wünschte, es gäbe nicht diese Kluft zwischen uns.«

»Du tust mir leid, Kail Kirian«, entgegnete sie und mied seinen Blick. »Du bist ein Teil der Vergangenheit, grausam und gefühllos. Du hast keine Selbstachtung, sonst wärst du nicht hierhergekommen um des Geldes willen. Könntest du die Dinge nur sehen, wie sie wirklich sind...«

»Wenn nur *du* es könntest!« gab er zurück. »Du bist genauso heuchlerisch wie alle anderen. Du hast meine Hilfe angenommen, nicht wahr? Hilfe, um davonzurennen. Ihr seid Feiglinge! Wegzurennen, um zu sterben!«

Sie starrten einander böse an. Das Haar wehte um ihr Gesicht. *Wie sanft sie glüht,* dachte er, *gegen den seltsam gelblichen Schein dieser Sonne.*

Weit vor ihnen rief Davaryush. Kirian ließ sich auf der Anhöhe nieder und stützte die Ellbogen auf einen flachen Felsblock. So weit sein Blick reichte, dehnte sich endlos eine braune Ebene, durchnetzt mit glatten, sandgemeißelten Felsformen, ähnlich steingewordenen Sträuchern. Auf halbem Weg zum Horizont erhob sich ein Wald brauner Bäume... Bäume?

»Was kann das sein?« fragte er.

»Wir wollen hingehen«, entschied die Schwarze Fee. Kirian verspürte eine Spur unerwünschter Neugier. »Oder möchtest du es nicht herausfinden? Sie sehen doch aus wie – Menschen, diese Bäume.«

»Es ist zu weit zu Fuß«, erklärte er. Mit einem Gedankenbefehl ließ er zwei Gleiter kommen.

Sie glitten auf der Brise hinunter und durch die Wüste. So weit erstreckte sich der Sand, daß die Entfernung bedeutungslos wurde. Und die windgeglätteten Sandsteinskulpturen... sie waren gewaltig, größer noch als das Delphinoid-Schiff, das wartend hoch über ihnen schwebte.

Sie schienen nichts als Punkte in der Weite der Ebene; dazu der Gedanke, daß diese Trostlosigkeit rundum kein Ende hatte. Kirian fühlte sich einsam. Von hier unten konnten sie ihr Ziel nicht sehen, so verließen sie sich auf die Instrumente des Gleiters.

Und dann sahen sie... *Menschen.*

Zaghaft stieg Kirian von seinem Gleiter; er stieß fast gegen einen Mann. Der Mann war kalt und starr.

Noch mehr Männer standen rundum, etwas weiter weg die Frauen; viele von ihnen nackt, bis auf ein bläuliches Band um ihre Handgelenke; manche in Kleider gehüllt, in Flammengewänder – doch die Flammen waren eingefroren. Andere trugen fantastische Trachten und spitze Kopfbedeckungen.

Sie rührten sich nicht.

»Was *ist* das?« Kirian geriet in Panik. »Erst die Tachionen-Wirbel, jetzt dieses – Holoskulpturen-Museum auf einer Welt ohne Bevölkerung. Wir sind auf dem falschen Planeten!«

»Delphinoide irren sich nie«, bemerkte Davaryush mit sanftem Spott.

»Du magst keine Rätsel, nicht wahr, Söldner?« fragte die Schwarze Fee und lächelte grausam.

»Nein, die mag ich nicht«, erwiderte Kirian. »Ich mag Lösungen! Wir müssen sofort zurück, wenn wir noch können. Das Schiffsgehirn war anscheinend gestört, und wir sind nicht dort, wo wir hinwollten. Vielleicht habt ihr vor, hier zu sterben, aber ich reise ab.«

»Feigling!« rief die Frau.

»Ich bin kein Feigling! Ich habe mehr Menschen getötet, als du je vor Augen hattest! Nein, ich gehe zurück, weil ich das tun will, wovon ich etwas verstehe!«

Die Statuen regten sich nicht. Er schlug seine Faust gegen die Schulter einer Frau: Sie war härter als der Rumpf eines Raumschiffes.

»Ihr seid alle gleich«, sagte die Frau bitter. »Ihr mögt keine Mysterien. Ihr seid nicht stolz darauf, menschliche Wesen zu sein. Im Innersten haßt ihr euch selbst!«

Ihr Zorn verlor sich in der weiten Wüste. Kirian blickte sich um. An die tausend Menschen, erstarrt und anscheinend unzerstörbar. Auch Kinder. Er berührte einen Jungen in seiner Nähe; das Haar rot und zerrauft – und steinhart.

Rotes Haar, wie meines, dachte er. Der Gedanke irritierte ihn... Es lag etwas sonderbar Bekanntes um das Kind... Er sah in die blicklosen Augen. Und er wollte mehr wissen.

Es schadet wohl nichts, die Lösung zu einem der Rätsel zu suchen...

»Gut«, entschied er. »Ich bleibe noch einige Tage, und wir können die Statuen testen. Möglicherweise ist das eine Galerie von Berühmtheiten, von Kunstwerken aus uralten Zeiten – oder ein Komplott der Inquestur, eine geschickte Täuschung... wenn wir die Antwort gefunden haben, verlasse ich euch.«

Es überraschte ihn selbst, daß er sich Fragen stellte... Waren es Menschen, herauskristallisiert aus der Zeit? Oder Imitationen menschlicher Wesen – ein Köder, ausgelegt von Unbekannten?

Und warum sahen sie so vertraut aus?

Dann schloß er die Augen und verwendete den Delphinoiden – dessen Orbinalbewegung mit ihrem Standort übereinstimmte, ihnen folgte –, um die Landefähre an den Rand des Statuenwaldes zu bringen und die Quartiere aufzustellen.

Doch plötzlich bestand der Befehl an den Delphinoiden nicht mehr aus einem einfachen Reflex wie sonst; zum erstenmal erwachte ein nagender Gedanke:

Dieses Schiff leidet Todesqualen und kann nicht sterben.

Bei Sonnenaufgang erwachte er. Die Dünen hatten sich verlagert. Die Figuren hatten sich nicht bewegt, aber manche standen nun bis an die Knie im Sand.

Das Morgenrot – hier erinnerte es ihn an die blaßroten Federn eines Pteratyger, der, von Speeren durchbohrt, über der Grauen See von Keneg, Kirians Heimatwelt, abstürzte. Er erschauerte bei der Vorstellung; seit langem hatte er nicht mehr gewußt, was Heimweh hieß.

Der Planet besaß also auch für ihn Anziehungskraft: Er war die Ur-Heimat.

Er schloß die Tür des Unterschlupfs und betrachtete die erstbeste Statue aus der Nähe. Es mußten Statuen sein, da sie sich nicht rührten. Statuen aus einer Zeit primitiver Technologie, die den Heimsuchungen von zwanzig Jahrtausenden widerstanden hatten? Unmöglich.

Die Frau und er arbeiteten den ganzen Vormittag an den Figuren. Sie versuchten, ein Stück abzusägen – den Teil eines Gewands, für den Fall, daß es sich wirklich um Menschen handelte –, und entschieden sich für die Robe eines alten Mannes. Eine hübsche Gruppe sah ihnen dabei zu: eine junge Frau und zwei Knaben, ganz in Weiß. Die Metallwerkzeuge zerbrachen alle an der Robe. Sie splitterten nicht einmal ein Mikron ab, wenn ihre Meßinstrumente recht hatten.

In einer Arbeitspause fragte sie: »Hast du schon herausgefunden, wieso die Tachionen-Wirbel auf unserer Route lagen?«

»Ich nehme an, daß hier unsere Geschichtsschreibung irrt. Vermutlich ist die Menschheit zu weit verstreut, um genaue Aufzeichnungen zu erlauben. Die fehlgeschlagenen Experimente liegen soweit zurück und...«

»Aber die Wirbel sind Anomalien in Raum *und* Zeit, nicht wahr? Also könnten sie auch von Experimenten in der Zukunft stammen?«

»Unwahrscheinlich, wenn man eure Überzeugung in Betracht zieht, daß die Menschheit keine Zukunft hat.«

»Dir fehlt jegliche Fantasie. Was konnte ich schon erwarten?« Doch der Vorwurf klang nicht mehr kränkend, es fehlte ihm der beißende Spott früherer Tage. Sie arbeiteten schweigend weiter.

Es gelang ihm kaum, den Blick von ihr zu wenden. Lange, karmesinrote Schatten fielen über ihr Gesicht... *Wenn ich sie nicht verlasse, augenblicklich verlasse, werde ich... werde ich mich in sie verlieben.* Es war ein schmerzlicher Gedanke.

Sie versuchten, mit dem Lasergerät ein Stück vom Gewand des alten Mannes abzuschneiden, aber ohne Erfolg. Sie ruhten aus, an die harten Figuren gelehnt. Ein leichter Wind hob sich und übersprühte sie mit Sand.

»Hattest du nie ein Erlebnis«, fragte die Schwarze Fee, »das dich an jenem Universum, an das man dich glauben lehrte, zweifeln ließ?«

»Nein.«

...und die hundert Raumschiffe, die in den Tachionen-Wirbel sanken...?

»Auch nicht der Krieg?«

»Krieg ist notwendig! Er beschäftigt die Kinder, er läutert die menschlichen Instinkte, er hält die Bevölkerungszahlen in Grenzen...«

...Immer und immer wieder schoß ich auf einen der wiedererweckten Leichname, und trotzdem ließ er nicht von mir ab. Ich hieb ihm den Kopf ab, und er fiel in sich zusammen, eine Handbreit vor meinem Gesicht... mein erster getöteter Feind...

»Daran glaubst du doch nicht wirklich!«

»Die Inquestur hat es mir so erklärt.«

...und der Torso des brennenden Leichnams wand sich und zuckte immer noch und tappte nach mir auf dem Silberdeck des Raumschiffes – und ich, in der leidenschaftlichen Wut meiner neun Jahre, hieb und hieb darauf ein und schrie mir gellend heißen Zorn aus dem Herzen...

Unvermutet kamen Kirian die Tränen.

...und die hundert Raumschiffe, die fielen...

...und danach, beurlaubt auf Alykh, dem Planeten der Freude, fuhren wir mit dem Varigrav-Schlitten, bis wir von Schwindel trunken waren. Dann weiter, auf Lalaparalla, wo f'ang uns gnädig vergessen machte... und dann wieder ein Krieg und noch einer...

Er wollte nicht über sich selbst nachdenken; er zweifelte, wer er tatsächlich war. »Warum besitzt du keinen Namen?« fragte er. »Einen dieser schönen Namen in den alten Dialekten?«

»Weil es in dem dunklen Krater, dem Reich der Nacht, keine Namen gibt. Die Menschen verständigen sich mit ihren Händen. Ich wußte nicht, daß ich einen Namen haben konnte, bevor ich meine erste Jagd mitmachte und sah und hörte...

Wir nennen sie nicht Delphinoide, wir nennen sie...« Ihre Finger tanzten das Wort in seiner Handfläche. »Es sind riesige, glatte, stromlinienförmige Wesen, die nur aus Verstand, aus Intelligenz bestehen. Sie sprechen, indem sie Lichtmuster in die Finsternis über dem Krater zeichnen. Und sie hüpfen und schwingen sich empor und singen – wie sie singen!

Wir hatten einen im Netz und brachten ihn im Luftschiff nach Hause. Die anderen umarmten einander aus Freude über den Sieg. Und dann begann der Delphinoid zu singen. Lichtfasern zerrissen die Luft. Es war tragisch...

Man muß tatsächlich blind und taub sein, um sie jagen zu können! In der Nacht rannte ich davon, kroch durch die verborgenen Tunnel, hinaus in die Lichtwelt, schleppte mich über die trostlosen Steppen von Zhnefftiak, bis ich die Stadt Effelkang erreichte, wo die Menschen sehen und hören konnten...«

Kirian drehte ihr den Rücken zu und begann, die Robe des Alten wieder mit dem Laser zu bearbeiten. »Ich bin nicht verantwortlich für die Sünden der Inquestur«, sagte er. »Du versuchst, Schuldgefühle in mir zu wecken, damit ich hierbleibe und dir helfe, deinen Plan zu verwirklichen – dieses lieblose Zuchtprojekt.«

»Nein!«

Aber er *fühlte* sich schuldig.

»Sieh mal«, sagte er nach einer Weile. »Sie tragen alle diese bläulichen Armbänder. Vielleicht sollten wir eines davon mit dem Laser öffnen?«

Zu Mittag waren sie immer noch erfolglos. Zu diesem Zeitpunkt verspürte Kirian bereits das überwältigende Bedürfnis, die Antwort zu dem Rätsel zu finden.

»Versuchen wir es mit diesem.« Er zeigte auf einen Jungen, der hinter dem alten Mann stand. »Sein Armband scheint etwas schief zu sitzen.«

Ein rothaariger Junge. Wiederum diese seltsam vertrauten Gesichtszüge – irgendwie beunruhigend...

Kirian zog an dem Armband.

Der Junge erwachte plötzlich zu Leben. »Wo bin ich hier?« schrie er auf. »Wo ist der Raumhafen?«

Die Schwarze Fee trat schnell neben ihn und versuchte ihn zu beruhigen.

»Wie?« staunte Kirian. »Er spricht die Hochsprache?« Sie brachten den Jungen in ihr Quartier. Er schrie und biß und schlug um sich.

Das Quartier: das Innere einer silbernen Hohlkugel, wie auf dem Schiff.

Der Knabe war elf oder zwölf Jahre alt. Im Alter eines jungen Kriegers des Menschen-Reiches. Dieser vertraute Ausdruck... Kirian konnte nicht ganz seinen Finger darauf legen, aber...

»Wer bist du?« fragte er.

Der Junge schrak zurück, gab sich jedoch nicht geschlagen und versuchte, aus dem Beruhigungsfeld auszubrechen...

»Laßt mich hinaus! Das muß der falsche Planet sein, es gibt hier keinen Raumhafen. Ich habe mein Stase-Band nicht fest genug verschlossen...« Er hielt inne und sah Kirian ins Gesicht. »Ich träume«, sagte er und lächelte. Das Lächeln machte Kirian noch unruhiger.

Und dann lächelte auch Davaryush. Und die Schwarze Fee. Alle lächelten; und ihr heimliches Wissen erschien ihm bedrohlich und beklemmend.

»Ich will weg«, sagte er, in die Enge getrieben. »Ich rufe jetzt den Delphinoiden...«

Die Angst hatte den Knaben verlassen. Er betrachtete Kirian mit merkwürdiger Ehrfurcht... als stünde ein Prinz, ein Prüfer vor ihm.

»Jetzt fürchte ich mich nicht mehr«, meinte der Junge. »Dies ist Urbeginn der Zeit; ich nehme an, ich habe das Armband auf Sirius nicht gut geschlossen und die Auslösung verstellt. Welch ein Glück, daß ich euch getroffen habe. Ihr werdet es mir ordentlich befestigen und mich zum Raumhafen bringen, so daß ich nach Hause kann, nicht wahr?«

Kirian entfernte das Beruhigungsfeld. »Kann mir irgend jemand sagen, worum es hier geht?« fragte er verzweifelt.

Der Knabe lachte – ein silbriges Lachen, das ihm die Kehle zuschnürte. »Ha! Nun... ich glaube, das kannst du wirklich nicht wissen. Oder? Davaryush, Schwarze Fee und Kirian?«

»Ich möchte Antworten«, forderte Kirian knapp.

»Hab Geduld«, bat die Frau. Sie trat neben Kirian, und ihre Hand berührte warm die seine. »Woher kommst du?« fragte sie den Jungen.

»Von Sirius.«

»Wo...?« fragte Kirian.

»Es ist eine Kolonie. Meine Eltern haben mich zurück zur Erde gesandt. Ich sollte hier zur Schule gehen.«

»Auf diesem leeren Planeten?« sagte er ungläubig, immer mehr verblüfft.

»Ich sehe, es *ist* das Zeitalter des Beginns. Mein Stase-Feld...«

»Gut«, unterbrach ihn Davaryush. Der Knabe drehte sich um und starrte ihn großäugig an. »Du erkennst uns.«

Der Junge nickte langsam.

»Also kommst du aus der Zukunft, aus einer Zeit, da die Erde wieder bewohnt ist und Kolonien hat.«

Der Junge nickte wieder.

»Wir sind ein bißchen schwer von Begriff«, lächelte Davaryush, »verglichen mit hochentwickelten Leuten aus der Zukunft, wie ihr es seid. Warum erzählst du uns nicht in einfachen Worten, was geschehen ist, was du hier tust...«

»Schwer von Begriff!« wiederholte der Junge ungläubig, von Ehrfurcht ergriffen. »Ausgerechnet *du*, Davaryush, *du*! Wie kannst du das nur sagen?« Er schien tief bewegt.

»Ich bin alt«, meinte Davaryush. Kirian bemerkte, daß nicht die

Müdigkeit des Alters in Davaryushs Gesicht lag; es blühte in kindlichem Staunen.

»Wenn ich euch alles erzähle«, fragte der Junge, »führt ihr mich dann zurück zum Raumhafen und bringt mein Armband in Ordnung?«

»Ganz bestimmt.«

»Also gut...«

Kirian vergaß die Geschichte nie.

Vor mehr als tausend Jahren waren die Urväter gekommen, geflohen aus einer unerträglichen Welt: Davaryush, Kirian, die Schwarze Fee. Es gab Menschen überall in der Galaxis; aber lange Kriege hatten sie dezimiert und das Spinnennetz der Macht zerrissen, das die Inquestur über die Million Welten des Menschen-Reises geworfen hatte...

Davaryush und die Schwarze Fee und Kirian kamen mit ihrem Traum von einer neuen Menschheit. Sie kamen und belebten die Erde neu.

In diesen Tagen gab es große Geheimnisse der Wissenschaft. Der Mensch war imstande, ein Stück des Raum-Zeit-Kontinuums zu einer Tachionen-Blase zu komprimieren und sie in Nullzeit quer durch den Weltraum zu senden... Es war ein verlorenes Geheimnis. Die Kinder der Utopier konnten nicht das ganze Wissen ihrer Väter in die neue Zeit retten. Aber sie hatten Sehnsucht nach den Sternen, eine Sehnsucht, die allen Menschen gemein ist. Und sie fanden einen Weg, auch ohne die ungeheure Energie von Tachionen-Blasen. Der Mensch bewegte sich nun im Raum durch das Tachionen-Universum mit seinem negativen Zeitablauf. Im Augenblick des Starts wurden die Raumreisenden in einen Zeit-Stase-Schild eingeschlossen, der das Zeit-Paradoxon verhinderte, bis die Normalzeit wieder aufgenommen werden konnte...

Die Ebene, in der die Statuen standen, stellte einen gigantischen Raumhafen dar. Aber seine Wände, seine technischen Einrichtungen waren noch nicht erbaut, ebensowenig wie die riesige Stadt Kirian-Angkar, an die der Raumhafen grenzte. Eines Tages würden die Kuppeln und Türme der großen Stadt kommen.

Wie konnten sie so sicher sein, daß sie Erfolg haben würden? Weshalb hatten sie diesen Platz für ihren Raumhafen gewählt? Ganz einfach: Sie waren groß geworden mit dem Anblick der Passagiere in ihrem Jahrtausendschlaf...

Und wie hatten die Urväter erfahren, wer die Reisenden waren? Es gab die Legende von einem kleinen Jungen, dessen Stase-Armband etwas schief gesessen hatte. Er war zufällig in der Zeit des Anbeginns erwacht und hatte mit den Urvätern gesprochen...

»Ich bin der Junge!« rief er. »Wenn ich mir überlege, daß meine Eltern mich nach dem Jungen in der Legende benannten...«

In Gedanken versunken sagte Davaryush: »Die Wissenschaft ist merkwürdig. Wir verfügten über die Technologie, um all das in unserer eigenen Zivilisation auch möglich zu machen. Aber niemandem wäre die Idee gekommen, Tachionen-Blasen zur Massenbeförderung zu verwenden... Denn über allem stand das Bedürfnis der Inquestur nach Macht, nach alleiniger Kontrolle über die Menschheit. Es gab deshalb keine Tachionen-Reisen für jedermann, weil die Inquestur es nicht ertragen hätte, auch nur ein Jota ihrer erschreckenden Machtfülle zu verlieren.«

»Die Gesetze des Universums ändern sich nicht«, setzte die Schwarze Fee hinzu. »Nur die Zwecke, denen man sie unterstellt... Unsere Kinder *haben* gelernt – werden lernen – aus unserem Traum, Davaryush! Arbeit zum Wohl aller! Unsere hoffnungslosen Träume von Liebe und Freiheit waren gerechtfertigt, Kail Kirian!«

Es war zuviel für Kirian. *Ich muß nach Hause...*

»Nun wirst du bleiben, Kirian«, meinte die Frau.

»Ich kann nicht! Ich kann nicht!« Verzweifelt verdunkelte er seine Sinne und tastete nach dem Schiffsgehirn am Himmel. *Heimatwelt! Ich möchte zur Heimatwelt!*

Die anderen drei brachen in Gelächter aus... »Du bleibst, Kirian, da gibt es keine Zweifel«, wiederholte die Schwarze Fee.

»Ich denke nicht daran! Das war ein Trick von euch...«

Die Silberwände des Quartiers kehrten in sein Blickfeld zurück.

»Ein Trick, Kirian?« sagte die Schwarze Fee. »Sieh nur den Jungen an. Sieh ihn an!«

Er tat es.

Der Junge. Er stand an die Wand gelehnt. Rotes, ungekämmtes Haar, mager, unauffällig: Es gab sie zu Millionen – Jungen, die in den Ruinen verbrannter Städte gruben; die Bonbons feilboten in den Bazaren von Alykh; die mit großen Augen den Delphinoiden-Raumschiffen nachblickten, die über die Nachthimmel ihrer Heimatwelten rasten... Er sah nichts Besonderes.

Bis er in sein eigenes Gesicht blickte, das sich in der Silberwand neben dem Jungen spiegelte. Verzerrt zwar durch die Krümmung der Wand, aber doch so ähnlich...

»Du bist mein... ich meine, ich bin dein...«

»Vorvater?« flüsterte der Junge und kniete nieder, um seine Hand zu küssen. Als wäre er ein Prüfer...

Er bebte vor Stolz. Dann hob er das Kind hoch und sah in sein Gesicht, bis er hinter den Zügen, die den seinen glichen, Spuren von Fees weichen Konturen fand.

Fee, die ihn verachtet hatte, die ihn beschuldigt hatte, sich selbst zu hassen, keinen Stolz zu besitzen, gefühllos und grausam zu sein... Er wußte nun, wie er ihre Liebe erwecken konnte.

Dunkelheit. Schreckliche Einsamkeit.

Kirians Sinne waren mit dem Schiffsgehirn verbunden. Die Dunkelheit preßte sich erwartungsvoll an ihn.

»Schiffsgehirn!« rief er sanft. »Was fühlst du eigentlich? Kannst du deine Gefühle mit mir teilen?«

Da kam der Schmerz. Nägel bohrten sich in sein Gehirn, immer wieder, in sein Rückgrat, in seine Knochen; sein Körper, herumgewirbelt in einer Trommel aus Nägeln; Schmerz – brennender, berstender, bohrender, brutaler Schmerz, und noch mehr Nägel überall in seinem Inneren. Er schrie und hörte nicht auf zu schreien, bis er sich still geschrien hatte... Nägel, Nägel, Nägel, Nägel, Nägel...

Und hinter dem Schmerz ein schweigender Kummer. Der Kummer des Sundes der Nacht, der unter den Luftschiffen der Jäger wisperte. Der Kummer um verlorene Gesänge. Um ungeborene Lichtschauer im schwarzen Himmel. Und Kirian weinte, bis er keine Tränen mehr hatte...

Nägel Nägel Nägel...

Und Erbarmen hinter dem Kummer, Erbarmen mit einem Wesen, das so erbarmungslos war, ein fühlendes Geschöpf zu martern. Mitgefühl mit ihm.

Kirians Gedanken flüsterten: »Es tut mir leid, Schiffsgehirn. Ich wußte es, aber ich verdrängte das Wissen. Du bist frei. Geh jetzt.«

Es war Nacht, als er erwachte. Die Schwarze Fee stand neben dem Unterschlupf, im seltsam kargen Sternenlicht. Er kam zu ihr...

»Ich habe das Schiffsgehirn freigelassen«, sagte er. »Ich glaube, es kann jetzt sterben.«

»Ich habe so sehr versucht, dich zu hassen«, erwiderte die Frau. »Denn alle Soldaten gelten als gefühllose Automaten, als ergebene Sklaven der Inquestur. Aber du weißt dennoch, was Mitleid ist.«

»Der Blick in die Zukunft hat so vieles geändert.«

Sie schwiegen. Die Luft vibrierte unter der Spannung beginnender Empfindungen.

Plötzlich sagte er: »Ich kann mir nicht vorstellen, daß alles dort draußen, woran ich glaube, ein Ende haben soll!«

»Wir wissen es nicht.«

»Vielleicht werden unsere Kinder wieder die Grenzen zur Galaxis durchbrechen. Und die Welten der Inquestur finden. Kann sein, daß sie die Wunden heilen können.«

Sie lächelte ihn unter dem fremden Mondlicht an. Wilder, glühender Stolz loderte in ihm einen kurzen Moment lang.

Dann...

»Schau!« rief sie.

Sein Blick folgte dem Bogen ihres Armes, hinauf in die Schwärze. Ein Meteor glitzerte durch die Nacht. Ein Feuerwerk. Der Sand sprühte Silber; die Hügel leuchteten auf und sanken wieder zurück ins Dunkel.

»Es ist das Schiff«, sagte er. »Es ist die Vergangenheit; sie verbrennt in der Atmosphäre.«

»Glücklich?«

»Ich glaube schon...«

Der Mond schob sich in eine Wolke. Das einzige Licht in der

Nacht kam von dem kalten Glimmen ihres Gewandes. *Wir werden unsere eigene Wärme schaffen müssen.*

Sie drängten sich aneinander. Vor ihnen dehnte sich die Ebene mit ihren ungeborenen Kindern, die darauf warteten, gezeugt zu werden.

Sie hielten einander fest, und es war nicht nur die Wärme. Der erste Schritt in die Zukunft mußte getan werden. Und da taten sie ihn.

Der erste Schritt war ein Kuß, eine Umarmung, ein Akt der Liebe.

Aus dem Amerikanischen übersetzt von Biggy Winter

Richard Sean McEnroy

Drachenhäuter

»Chavez, ich fürchte, dir geht's an den Kragen!«

Der Bildschirm des vergammelten Gebrauchtvideofons verzerrte Joni Thorsons helles, von blondem Haar umrahmtes Gesicht höchst unvorteilhaft. Aber da Blackstones Frachthandel nicht gerade blühte, konnte er sich kein besseres leisten. Zumindest paßte das zerschundene, angeschmuddelte Permaplast-Gehäuse gut zum Pionier-Look des übrigen Büros.

»Weshalb denn, Schatz?« Sie hatten sich auf einer Party kennengelernt, die ihr Vater veranstaltete, ein hoher Richter des Systems. Bis zu jenem Zeitpunkt hatte sich Seine Ehren auf Kolonial-Tour befunden, einer dieser schnieken Reisen, auf denen man die Pionierwurzeln wiederentdeckte, über die man hinausgewachsen war. Es machte ihm Spaß, eine Handvoll kleiner Farmer und Geschäftsleute der Grenzwelt zu seinen Partys einzuladen, weil sie dem Ganzen erst den gewissen rustikalen Charme gaben. Sein Sinn für Lokalkolorit hatte allerdings einen Knacks erlitten, nachdem er zwei Kolonial-Senatoren in einem Brunnenloch entdeckte – dorthin befördert von Chavez – und Chavez selbst mit seiner Tochter hinter den importierten Rosensträuchern. Eine Kleinigkeit für einen Mann wie Chavez.

»Tovas war heute im Büro meines Vaters.«

»Und wer oder was ist Tovas?«

»Eli Santers Agent hier auf Wolkenheim.«

»Oha. Was wollte er?«

»Ich glaube, die beiden erwirkten einen Haftbefehl gegen dich – wegen Zahlungsunfähigkeit.«

»Heiliger Jesus!« ›Zahlungsunfähigkeit‹ war ein häßliches Wort für die Leute im Hansen-System, die mit Finanzschwierigkeiten zu kämpfen hatten, denn es bedeutete soviel wie staatliche Zwangsarbeit – über Jahre hinaus. Es war nicht ganz dasselbe wie Sklaverei. Sklaven konnten freigelassen werden.

»Tut mir leid, Chavez.«

»Mir auch. Paß auf, Liebes, ich werf' dich jetzt aus der Leitung. Ich muß einiges regeln, und zwar blitzschnell.«

Er legte auf, sagte noch einmal »Heiliger Jesus« und machte sich an die Arbeit.

Erst zur Bank, um die mageren Ersparnisse abzuheben. Dann zur Miet-Garage, wo er den verbeulten Boden-Laster, der den einzigen Aktivposten des Blackstone-Frachthandels darstellte, zu einem entwürdigend niedrigen Preis verscherbelte. Das alles erbrachte knappe zwölftausend Wolkenheim-Mark, umgerechnet nicht einmal fünfhundert Konföderations-Credits.

Mit diesem stolzen Guthaben suchte er die *Drachenhöhle* auf.

Moses Callahans Züge verzogen sich schmerzlich, als er Chavez die Bar betreten sah.

»Sitzt dir die Faust im Nacken, he?«

»Tja. Seine Ehren scheint der nachtragende Typ zu sein.«

»Schon irgendwelche festen Pläne?« Moses Callahans Ruhm gründete sich darauf, daß er Kapitän der *Irish Missed* war, und die *Irish Missed* galt als der modernste planetarische Frachter innerhalb des Hansen-Systems. Dieses Schiff hatte Chavez von einem interstellaren Linienkreuzer nach Wolkenheim gebracht – drei Wochen war er an Bord gewesen, und Callahan hatte sich mehr oder weniger mit ihm angefreundet, als er herausfand, daß Blackstone nicht der übliche Einwanderertyp war, der von goldenen Bergen träumte. Im Gegenteil, Chavez Blackstone schien eine gehörige Portion jener fast vergessenen Eigenschaft namens gesunder Menschenverstand zu besitzen – mehr jedenfalls, als Moses an diesem ausgefransten Ende der Konföderation je begegnet war.

Später hatte Chavez ihm erzählt, wie die Jacht des Fernöstlichen Premierministers bei den Kleinen Antillen auf Grund gelaufen war. Der Premierminister und seine Nichte hatten ihn gerade mit Bootshaken über das Vorderdeck verfolgt, weil er sich weigerte, besagte Nichte trotz eindeutiger Angebote zu freien – sie war einen Kopf kleiner als er, brachte dafür aber fünfzehn Pfund Lebendgewicht mehr auf die Waage. Nach dieser Geschichte war Moses Callahan – der auf Neu-Eirinn während der Karwoche einen organgefarbenen Pullover getragen hatte und sich dem Pöbel gerade noch durch

Flucht entziehen konnte – zu dem Schluß gelangt, daß er einen Gesinnungsbruder vor sich hatte.

Als ihm die alte Geschichte jetzt wieder einfiel, argwöhnte Chavez, daß ihm das Pech irgendwie an den Fersen klebte.

Wolkenheim war ihm nach der Erde als eine schöne Abwechslung erschienen, vor allem deshalb, weil es hier keine Premierminister gab. Anfangs. Dann hatte seine mit Hypotheken belastete Farm genau neun Zehntel einer Ernte hervorgebracht, ehe das Zeug verdorrte und vom Wind verblasen wurde; den liebenswert lächelnden Bankiers fror das Lächeln ein, und sie behandelten ihn mit kühler Höflichkeit. Höflichkeit bei einem Bankier ist ein schlechtes Zeichen. Am Ende war ein nervenaufreibendes Ringen und Betteln und Papiere-Unterzeichnen nötig gewesen, ehe die Bank sich bereit erklärte, ihm wenigstens den Boden-Laster zu lassen. Er baute ein kleines Transportunternehmen auf, das Güter von Hansens Landing zu den Farmern hinausbrachte, denen es besser ergangen war als ihm. Ein Vierteljahr dauerte es, dann hatte er die Wechsel bezahlt. Von da an wartete er auf günstige Gelegenheiten und hielt sich so recht und schlecht im Bereich der schwarzen Zahlen, daß man ihn zur Zwangsarbeit nicht rankriegte. Bis zu dem Moment, da Richter Thorson seine Party schmiß und ihn in flagranti und in fragranti (die Rosen blühten gerade) erwischte.

Er legte die Wolkenheim-Währung vor Callahan auf den Tisch.

»Ich muß weg«, sagte er.

Moses blickte auf die Scheine. »Und wohin gedenkst du mit diesen Lappen zu kommen?«

»So weit ich kann. Die Richtung ist egal. Zur Erde zurück oder sonstwohin.«

»M-hm.« Moses lehnte sich zurück, trank einen Schluck einheimisches Bier und betrachtete sinnend die kleinen, von Banderolen umgebenen Geldbündel. »Tja, der Betrag sieht nicht schlecht aus. Du müßtest damit eigentlich jedes Ziel erreichen. Aber das Problem liegt woanders. Der nächste Sternenkreuzer kommt in frühestens einem Monat vorbei.«

»Mist«, sagte Chavez. »Was für eine Möglichkeit gibt es sonst noch?«

Moses betrachtete das Geld auf dem Tisch. Dann schob er es Chavez wieder zu. »Du weißt, wo die *Missed* vor Anker liegt. Sieh zu, daß du das Hafengelände erreichst, und wir nehmen dich an Bord. Aber wenn sie tatsächlich einen Haftbefehl gegen dich erwirkt haben, suchen sie nach dir. Du mußt selbst sehen, wie du reinkommst. Wegen der Flugkarte zerbrich dir nicht den Kopf.«

Chavez schaute ihn an. »Na hör mal, Käptn! Schulden will ich keine machen.«

»Quatsch! Raus wollte ich mit dem Kahn ohnehin. Mir bricht es nicht das Kreuz, wenn ich eine kleine Zusatzfracht mitnehme, und du wirst den Zaster brauchen, wenn du neu anfängst. Außerdem haben diese Bastarde von der Regierung mich ein- oder zweimal gezwungen, mit der *Missed* für sie zu arbeiten. Ich hätte nichts dagegen, ihnen das heimzuzahlen.« Darüber hinaus, aber das sagte er nicht, hatte er mehr Aussichten, sich im Notfall herauszureden, wenn man das Geld von Chavez nicht bei ihm fand.

»Ich finde das toll, Käptn, ganz ehrlich.«

»Bedank dich erst, wenn du an Bord bist«, meinte Moses. »Vorher kann ich dir nicht helfen.«

Er wollte eben die Straße überqueren, als die Justiz-Limousine am Hafeneingang vorfuhr. Die Leute von der Hafenpolizei zeigten sich nicht übermäßig beeindruckt von den Zivilbeamten, nahmen aber Haltung an, als ein dritter Mann, klein und geschniegelt, aus dem Wagen kletterte. Chavez schloß haarscharf, daß es sich um Tovas handelte, den Agenten von Santer. Der planetarische Stellvertreter eines so mächtigen Kaufmanns wurde sicher mit einigem Respekt behandelt.

Nun zeigte Tovas den Wachleuten am Tor ein Stereo-Faksimile. Chavez wußte, daß sein Kopf darauf abgebildet war. Ein logischer Schritt, denn der sicherste Ort für einen Flüchtling, der Freunde besaß, war die extraterritoriale Zone eines Konföderations-Hafens. Klar, daß sie hier ihre Suche begannen.

Tovas und die Polizisten unterhielten sich noch eine Weile, dann kehrte der Agent zu seinem Wagen zurück. Die Zivilbeamten postierten sich in der Nähe des Eingangs. Chavez öffnete die Tür, in deren Nische er sich bis jetzt versteckt hatte. Sie führte in einen Ramschladen, wo weit überteuerte Souvernirs an Raumfahrer auf Landurlaub verhökert wurden. Er kaufte einen kitschigen Schreibtischschmuck, für den er keine Verwendung hatte, und schwenkte das Päckchen auffällig, als er wieder auf die Straße hinaustrat, das Gesicht von den Zivilbeamten abgewandt. Sie suchten schließlich nach einem Flüchtling, der heimlich das Hafengelände erreichen wollte, und nicht nach Souvenirkäufern, die sich in die entgegengesetzte Richtung entfernten.

Er bog um die zweite Ecke rechts und schlenderte eine Gasse entlang, die parallel zur Hafenumzäunung verlief. Ein paar Häuserblocks weiter wandte er sich wieder nach rechts und näherte sich erneut dem Hafen.

Von der Eingangskontrolle war nichts zu sehen. Chavez schaute sich genauer um und entdeckte schließlich die Blaulichter des Polizeigleiters zwischen einem Lagerhaus und einem leichten Frachter weit draußen auf dem Landefeld. Er schwang sich über den Zaun. Eine weite, leere Permaplastbahn lag zwischen ihm und der Ecke des Hafens, die für planetarische Frachter reserviert war.

Er schaffte etwa die Hälfte der Strecke.

Plötzlich erfaßte ihn ein rechteckiger Schatten. Er wirbelte herum und schaute nach oben. Gegen die grelle Sonne von Hansens Welt hob sich ein dunkler Antigrav-Gleiter ab. Ein zweiter setzte eben zur Landung an. An seinem Bug befanden sich eine kräftige Winde und ein Flaschenzug, wie sie zum Be- und Entladen großer Frachter benutzt wurden. Die Schrift an der Seite gab ihm endgültige Klarheit: Der Schlitten stammte von der *Abilene,* einem der beiden Frachter, die Eli Santer gehörten.

Drei Raummatrosen stiegen aus dem gelandeten Gleiter, stumpfe, kartoffelstampferförmige Betäubungsstrahler in den Fäusten. Der vorderste hatte obendrein einen Stereowürfel in der Hand. Chavez versuchte, den Rückzug zum Hafenzaun anzutreten. Das Kitsch-Souvenir wog schwer in seiner Tasche; er umklammerte es ohne große Hoffnung.

Der Raumfahrer, der ihm am nächsten stand, begann die Unterhaltung.

»So, Freund, und jetzt mal sachte! Wir meinen es ernst, klar?«

»Wenn Sie das sagen.«

»Brav. Wenn du uns jetzt auch noch friedlich begleitest, haben wir die Angelegenheit schnell hinter uns.« Er grinste. »Oder bleibt dir eine andere Wahl?«

»Na, ihr könntet mich beispielsweise laufen lassen. Aber darauf baue ich nicht.«

»Kluges Kerlchen.«

»Oder...« Chavez schleuderte dem Mann das Souvenir entgegen und jagte in Richtung Zaun los.

Er versuchte es zumindest. Denn kaum hatte das Ding seine Finger verlassen, spürte er einen dreifachen Schlag tief in der Brust, ähnlich dem Dröhnen einer Baßgitarre, das aus dem größten Lautsprecher aller Zeiten drang. Die Welt zerbrach in ein amorphes Nichts, während etwas ihn hochhob und zu Boden schmetterte. Dann kam die Dunkelheit.

»Wir werden uns schon einig, ehe Sie diesen Raum verlassen.«

Eli Santer schaute von seinem erhöhten Schreibtisch auf Chavez herab. Chavez beobachtete ihn mit Interesse. Er war noch nie einem Mann begegnet, der einen eigenen Planeten besaß.

Eli Santer war ein hochgewachsener, grobknochiger Mann mit kurzgeschorenem Silberhaar, das noch ein paar blonde Fäden aufwies, und Zähnen, die schneeweiß in dem schmalen, faltigen Gesicht blitzten. Er hatte eine dunkle, gemessene Stimme und jenen ruhigen Unterton, der verriet, daß er seinen Worten auch Taten folgen ließ. Es war die Art von Stimme, vor der man kuschte oder gegen die man sich auflehnte. Chavez hatte noch nie gern gekuscht.

»Sie haben also die Anklage gelesen«, sagte Santer, »und wissen, was man Ihnen vorwirft. Die Kolonien des Hansen-Systems sind erst im Aufbau, und wir haben keinen Platz für Leute, die sich nicht selbst erhalten können. Doch das werden Sie von nun an tun, Freund. Sie werden mir Ihre Arbeitskraft voll und ganz zur Verfügung stellen.«

»Und was kriege ich dafür?«

»Geld. Sie arbeiten. Sie werden bezahlt. Und wenn Sie hart genug arbeiten, zum Henker, dann können Sie sich sogar von hier freikaufen.«

»Das scheint gar nicht so einfach zu sein.« Chavez zog seine leere Brieftasche aus dem Gürtel und warf sie auf Santers Schreibtisch. »In letzter Zeit fällt es mir irgendwie schwer, mein Geld zusammenzuhalten.«

Santer nahm die Lederhülle und betrachtete sie gleichgültig. »Ach ja, Ihr Guthaben. Elftausendneunhundertsechsunddreißig Wolkenheim-Mark.« Er schob die Brieftasche zurück. »Wir verwahren es in treuen Händen und ziehen davon die Summe ab, die Ihre Erstausrüstung plus Ernährung kostet. Demnach besitzen Sie noch –« Er warf einen Blick auf den Schreibtischcomputer – »zweitausend plus ein paar zerquetschte. Ich würde das Geld an Ihrer Stelle sparen. Sie brauchen es vermutlich noch.«

»Ein wenig voreilig von Ihnen, finden Sie nicht?«

»Wir sind keine Wohlfahrtseinrichtung, mein Lieber.«

»Das hatte ich auch gar nicht angenommen.«

»Wie klug von Ihnen. Also, für den Anfang arbeiten Sie mit einem erfahrenen Häuter zusammen. Mit Rafer Stone vielleicht. Sie schauen ihm zu, lernen von ihm – und ehe das Jahr um ist, erreichen Sie Ihre Fangquote.«

»Wie hoch liegt die?«

»Fünf erstklassige Häute pro Monat, lokale Zeitrechnung. Sonst noch Fragen?«

Chavez schaute zu Eli Santer auf, der seinem Blick mit der Wärme einer Oliver-Cromwell-Büste begegnete. Chavez spürte die Anwesenheit von zwei Bullen mit Baß-Betäubern im Rücken.

»Nein. Ich schätze, daß ich meine Zeit verschwende, wenn ich hier noch länger rumstehe.«

»Falsch. Sie verschwenden *meine* Zeit, wenn Sie hier noch länger rumstehen. Gewöhnen Sie sich daran, die Dinge aus dieser Perspektive zu betrachten.«

»Ich werde mir Mühe geben.« Chavez wandte sich zum Gehen. Santer ergriff noch einmal das Wort.

»Ehrlich gesagt, Chavez, Sie sind nicht besonders klug. Es war unklug, am Hafen gegen meine Leute zu kämpfen. Es war unklug,

Richter Thorsons Zorn zu wecken. Es wäre auch unklug, meinen Zorn zu wecken. Sie arbeiten jetzt für mich. Es wäre klug, sich das einzuprägen.«

Chavez ging.

Eli Santer war ein kluger Mann, zu klug, um an einem System herumzupfuschen, das bereits reibungslos lief.

Eli Santers Großvater hatte zu der »Kaper-Mannschaft« gehört, die Fricjk Hansen im eben entdeckten Hansen-System zurückließ, um die Besetzung zu manifestieren, während das Sternenschiff *Valkyrie* sich weiter ins All vorschob, um neue Welten zu erforschen und zu kolonisieren, bis es eines Tages spurlos verschwand.

Die jeweils fünfzig Paare, die auf Trollshulms Schwesterwelten Hansenwald und Wolkenheim zurückgeblieben waren, hatten in der milden, terrestrischen Atmosphäre blühende Kolonien aufgebaut, auch wenn es Leute gab, die über die stillen, in sich gekehrten Bewohner von Hansenwalds Baumdörfern die Nase rümpften. »Zen mit viel Chlorophyll«, so drückte es ein Beobachter aus.

Bis das erste Schiff mit Überlichtantrieb den Weg der Forschungsexpedition nachvollzog und das Hansen-System erreichte, war dagegen die Kolonie auf dem rauhen Trollshulm auf den Santer-Klan zusammengeschrumpft, siebzehn Menschen, die mit veralteten, völlig abgenutzten Geräten grimmig ums Überleben kämpften. Wäre das Schiff dreißig Jahre später gekommen, hätte seine Crew vielleicht niemanden mehr vorgefunden. Und hätte der Handelswert der Trollshulmer Drachenhäute mit ihren buntschillernden, geschmeidigen und doch stahlharten Schuppen nicht sofort ins Auge gestochen, so wäre der Santer-Klan vermutlich nur evakuiert und die Trollshulm-Kolonie zum Fehlschlag erklärt worden. So aber brachten die Drachen und ihre kostbaren Häute die Santers – vor allem ihren Abkömmling Eli Santer – in den Besitz eines Planeten, aus dem sich Profit schlagen ließ.

Das Problem bestand darin, Leute zu finden, die *für ihn* den Profit machten.

Wie kaum anders zu erwarten war, ließ sich die Zahl der Freiwilligen, die das fruchtbare Wolkenheim zugunsten eines harten Lebens auf Trollshulm aufgaben, an den Fingern eines doppelt Armamputierten abzählen; und die Bewohner von Hansenwald gingen *nie* irgendwohin; die laubumschlossene Einsamkeit ihrer Welt befriedigte sie voll und ganz.

Die Zahlungsunfähigkeits-Klausel auf Wolkenheim hatte sich als günstig erwiesen, aber selbst Zwangsarbeiter verließen Trollshulm Hals über Kopf, sobald ihre Zeit um war oder sie genug Kapital angespart hatten. Unter diesen Voraussetzungen war es schwer, ein stabiles Arbeiter-Kontingent aufrechtzuerhalten. Also hatte Santer Anleihen in der Vergangenheit genommen, bei den frühen Legenden der Industrie-Kulturen, bei Fisk, Carnegie und Morgan.

Um die Macht auf seinem Planeten zu behalten, ließ Eli Santer die »Company-Stadt« neu aufleben. Wer auf Trollshulm aß, mußte sein Essen bei Eli Santer kaufen. (Von einheimischen Produkten konnte man nicht leben, da sie der menschlichen Biochemie höchst unzuträglich waren.) Wer trinken wollte, mußte seinen Fusel trinken. Die Kleider, die man trug, erstand man bei ihm. Die Häute der Drachen, die man mit Santers Flinten erlegte, verkaufte man an *seine* Gesellschaft – zu den Preisen, die er festlegte.

Und da es selbstverständlich enorm teuer kam, Nahrungsvorräte, Kleidung und Gewehre mit planetarischen Frachtern herbeizuschaffen – zumindest konnte es teuer kommen, wenn man es richtig berechnete –, waren die Preise, die Eli Santer für tadellose Häute zahlte, nie sehr viel höher als die Preise, die er leider für die lebensnotwendigen Dinge verlangen mußte. Wenn man also seine Quoten nicht erfüllte...

Selbstverständlich konnte man jederzeit einen Kredit bekommen. Eli Santer half gern über momentane Engpässe hinweg. Kein Wunder, daß diese Politik die Leute zum Bleiben ermutigte. In der Tat, es gab Dutzende von Männern, ja sogar ganze Familien auf Trollshulm, die weit länger blieben als ursprünglich vereinbart und gar nicht daran dachten, den Planeten zu verlassen. Jedenfalls nicht, ehe Eli Santer eines Tages unter der Last ihrer Schulden zusammenbrach und starb.

Neuntausend Mark waren auch nicht mehr das wert, was man sich von ihnen erwartete. Chavez brachte das laut zum Ausdruck.

Das dunkle, hübsche Hindustani-Mädchen mit den verwirrend grünen Augen eines Anglo-Vorfahren lachte und hob das Oberteil der ledernen Arbeitskluft hoch.

»Was redest du da?« fragte sie. »Wo sonst kriegst du all dies –« Sie deutete auf den Rest des Stapels, Unterwäsche, Toilettensachen, Campausrüstung, Stiefel und das lange Messer, das alle Häuter trugen – »plus einen Original-Drachenhautanzug für lausige neuntausend?«

»Tja, aber es ist Ausschußware«, monierte er, nahm das Hemd und fuhr über die breite Narbe am Rückenteil, die sich quer durch die Glitzerschuppen zog. »Die müßte es zum Sonderpreis geben.«

Das Mädchen setzte eine gespielt beleidigte Miene auf. »Neuntausend Mark ist ein Sonderpreis«, sagte sie, und in ihren Augen glitzerte Spott. »Du glaubst doch nicht, daß wir die besten Häute an unsere Helfer verkaufen.«

»Ich höre immer Helfer.«

»Leute wie du und ich, Freund.«

»Irgendwie habe ich mich nie als Helfer betrachtet.«

»Na ja, wenn du willst, kannst du dich auch als Sträfling betrachten, aber das gibt der Angelegenheit eine so niederdrückende Perspektive, findest du nicht?« Das kleine rote *Hindi*-Kastenzeichen auf ihrer Stirn bewegte sich schwach mit ihrem stets wechselnden Mienenspiel. »Außerdem ist es hier so schlimm auch wieder nicht – wenn man es richtig anpackt.«

»M-hm. Und wie packt man es richtig an? Hast du ein paar Spezialtricks, die ich kennen sollte, um keinen Ärger mit dem Management zu bekommen?«

Sie musterte ihn von oben bis unten. »Keine, die dich weiterbringen könnten. Er ist ein Widerling, aber wenigstens in dieser Hinsicht normal.«

»Tatsächlich?«

»Und es ist immer noch besser als die verdammten Echsen aufzuschlitzen, oder?«

»Ich will ja gar nicht mit dir streiten. Aber da wir schon vom Echsen-Aufschlitzen sprechen – kriege ich für diesen Zweck nicht wenigstens eine Flinte?«

»Solange du eine bezahlt hast.«

»Habe ich?«

»Ach, ich denke schon.« Sie verschwand hinter ihren Regalen und kam mit einem Gewehr wieder, das noch originalversiegelt war. »Eine Kalaschnikow-Kern-Sturmflinte. Wird geladen mit Zwei-mal-fünfzig-Standard-Militärbolzen und erreicht beim Ausstoß eine Geschwindigkeit von achtzehnhundert Metern pro Sekunde. Dreischüssig, vollautomatisch, Streubereich dreißig Zentimeter auf hundert Meter Abstand, wenn mit Auflage geschossen wird – was immer das heißen mag. Doch das spielt kaum eine Rolle, weil ein Zwei-mal-fünfzig-Bolzen die Drachenhaut auf diese Entfernung ohnehin nicht durchbohrt.«

»Großartig. Weshalb benutzen wir die Dinger dann?«

Sie beugte sich vor, stützte die Arme auf den Tresen und schaute zu ihm auf. Ihre grünen Augen hoben sich hell und leuchtend von der dunklen Haut ab. »Willst du es lieber ohne versuchen?«

»Nein, nein, nein«, sagte Chavez hastig. »Aber weshalb wird dieses Modell eingesetzt, wenn es nichts taugt?«

»Die Company erstand die Flinten billig, als die Miliz von Wolkenheim auf neue Modelle mit besserer Beschleunigung umrüstete. Außerdem taugen die Dinger durchaus; man muß sie nur richtig einsetzen. Das war Nummer Eins meiner Gratis-Lektionen.«

»Klasse, hier gibt's was umsonst!«

»Genieß das Gefühl – du wirst es nicht oft auf diesem Planeten erleben! Los, setz dich!« Chavez schaute sich um und nahm den einzigen Stuhl, der vor dem Tresen stand. Das Mädchen schwang sich auf die Tresenplatte und ließ die Beine herunterbaumeln. Keine schlechten Beine, stellte Chavez fest.

»Gratis-Lektion«, begann sie. »Für Neuankömmlinge pflichtschuldigst auswendig gelernt von Miß Shasti Kane, oberste und einzige Lagerverwalterin.

Drachen sind die einzigen Raubtiere in der Ökologie von Trollshulm. Sie fressen vor allem die Wühltiere draußen in den Ebenen und die Jungen anderer Drachen.«

»Was fressen die Wühltiere?«

»Sand.«

»Sand?«

»Sie filtern den Sand der Ebenen durch ihren Verdauungstrakt und lösen daraus die Mineralstoffe, die sie brauchen. Sehen aus wie Erdenwürmer mit Beinen. Und bitte unterbrich mich nicht; das kann mich den Job kosten.«

»Tut mir leid.«

»Drachen haben im Durchschnitt eine Länge von acht Metern, eine Schulterhöhe von zwei Metern und an die sieben Tonnen Gewicht. Wenn sie nicht gerade hungrig sind oder gereizt werden, benehmen sie sich eher träge.«

»Was reizt sie?«

Sie schaute ihn leicht verärgert an. »Wenn man auf sie schießt.«

Chavez' Groll gegen Richter Thorson wuchs mit jeder Minute.

»Beim Drachenhäuten gibt es vor allem zwei Probleme. Erstens, eine beschädigte Haut ist auf dem Markt weniger wert. Zweitens, und das sagte ich bereits, ein Zwei-mal-fünfzig-Bolzen fügt einer Drachenhaut keinen großen Schaden zu. Die beste Technik, die man bisher kennt, besteht darin, die Aufmerksamkeit des Tieres mit einem kurzen Schuß zu wecken und es dann, wenn es sein Maul aufreißt und angreift, durch die Mundhöhle ins Gehirn zu treffen.«

»Und wenn es beim Angriff sein Maul nicht aufreißt?«

»Dann frißt es in der Regel den Schützen.«

»Hm.« Chavez überlegte. »Wie bin ich da bloß reingeraten?«

»Eli meint, du seist nicht besonders klug.«

»Ich weiß. Wir führten eine Diskussion dieses Inhalts.«

»*Du* hast mit Eli *diskutiert*?«

»Na ja –« Chavez zuckte mit den Schultern. Dann musterte er sie scharf. »*Eli*?«

Sie nickte. Chavez lachte leise vor sich hin und schüttelte den Kopf. »Ich habe schon ein besonderes Talent...«

»Ein Talent wofür?«

Er grinste. »Ich wollte dich gerade fragen, was du machst, wenn du keine Gratis-Ratschläge erteilst.«

Sie lächelte und wurde gleich darauf ernst. »So ziemlich das, was Eli Santer von mir verlangt.«

»Ich verstehe.«

»Es ist immer noch besser als –«

»– die verdammten Echsen aufzuschlitzen, ich weiß«, wiederholte Chavez. »Tut mit leid, ich wollte kein Urteil abgeben.«

»Schon gut«, entgegnete Shasti. »Passiert mir auch hin und wieder.«

»Tja.« Chavez begann, die Ausrüstung in den beigelegten Rucksack zu packen. »Wie steht es mit der Munition?«

»Die kriegst du, wenn sie dich im Camp absetzen. Irgendwie sehen sie es nicht gern, wenn ihre Angestellten schwerbewaffnet im Stützpunkt rumlungern.«

»Ich kann mir gar nicht denken, weshalb.«

Das Camp war verlassen, als ihn der Antigrav-Gleiter absetzte, der seine reguläre Nachschub-Tour flog. Der Pilot hatte ihm eine Schachtel mit hundert Bolzen Munition ausgehändigt. Das reichte gerade für dreiunddreißig Schuß.

Chavez stand mitten im Camp, das aus einer einzigen Prestoplast-Hütte und einem Labyrinth von Traktorspuren bestand. Er warf einen Blick auf das Magazin in seiner Hand. Der Copilot hatte ihn mit schußbereitem Baßbetäuber belauert, während der Pilot den schmalen Munitionsschrank öffnete. Kein Vertrauensverhältnis gegenüber Angestellten, fand Chavez.

Die Traktorspuren schienen über einen engen Paß in die Ebene hinunterzuführen. Chavez hatte allerdings keine Lust, ihnen zu folgen, nicht allein und nicht zu Fuß. Er betrat die Hütte.

Das Innere war kahl bis auf zwei Pritschen, zwei Truhen und eine Kombination aus Mikrowellenherd und Dampfdestilliergerät, die an den kleinen einpoligen Generator draußen angeschlossen war. Rund um den Herd stapelten sich Kartons mit Lebensmitteln, die meisten davon offen.

Chavez stieß mit dem Fuß gegen die beiden Truhen, um zu sehen, welche leer war, setzte sich dann auf seine Pritsche und dachte über die Lage nach. Sie erforderte nicht viel Gehirnakrobatik. Dank der guten Drähte von Richter Thorson, der sich – im weiteren Sinne – gehörnt fühlte, saß Chavez Blackstone auf Trollshulm fest, ein paar Jahre lang oder zumindest so lange, bis er die finanzielle Unabhängigkeit erreicht hatte – mittels Drachenhäuten, was in etwa einer Kodiakbären-Jagd mit einer 22er-Flinte gleichkam. Und er konnte nicht das geringste dagegen tun. Außer die Zeit überleben.

Moses Callahan spürte einen Geschmack im Mund, als habe er den Erzbischof von Canterbury gebissen und auszuspucken vergessen. Er versuchte sich aufzusetzen, schaffte es aber nicht. Eine nähere Untersuchung ergab, daß er fest in seine Koje geschnallt war. Das Null-g-Netz preßte seinen Körper fest gegen die Liege. Gottogott, dachte er, das muß gestern lustig gewesen sein! Es störte ihn nicht, daß er keine Erinnerung mehr daran besaß; wenn er etwas getan hatte, das erinnerungswert war, würde er es schon erfahren.

Er löste mit unsicheren Fingern das Netz und setzte sich auf. Moses Callahan war dreiundfünfzig Jahre alt, ein derber, vierschrötiger Mann, dessen schwacher Fettansatz die Bärenkräfte, die er besaß, überspielte. Jetzt kam er sich allerdings nicht gerade stark vor. Immer, wenn er den Erzbischof gebissen hatte, fühlte er sich, als sei er über Nacht um siebenundvierzig Jahre gealtert und als hätten sich Arthritis, Rheumatismus, Gicht und der Neu-Ulster-Tripper zu einem feigen Massenangriff gegen ihn verbündet.

Er wankte zum Spiegel und betrachtete sich durch das rote Aderngeflecht, das seine Pupillen umgab. Keiner mag sich, wenn er nach einem schweren Besäufnis aufwacht, aber es ging ihm etwas besser, nachdem er im Bad den Geschmack des Erzbischofs aus dem Mund gespült und die Enthaarungscreme abgewaschen hatte.

Er ging zurück in die Kabine und rubbelte sich das Gesicht trokken. Als er sich aufrichtete, sah er, daß der Wisch immer noch da auf dem Schreibtisch lag, wo er ihn am Vortag hingelegt hatte.

Es war eine Standardquittung von einem der Pharma-Großhändler in Hansen's Landing, ausgestellt für die Heilkräuterfracht, welche die *Missed* von Hansenwald hereingebracht hatte. Moses starrte sie unglücklich an. Oh, sie hatten es geschafft, den Kontrakt zu ergattern, auch für die nächsten Flüge. Um jedoch die anderen unabhängigen Frachter auszustechen, war Moses gezwungen gewesen, ein Billigstangebot zu machen, das ihm eine höchst unbefriedigende Gewinnspanne ließ. Zudem hätte er diesen Preis nie vorschlagen können, wenn seine Crew nicht mit Beteiligung gearbeitet hätte, im Gegensatz zu den meisten anderen Schiffsmannschaften, die Festlöhne bezogen. Und durch die Verhandlungen hatte er das letzte Rendezvous mit dem Sternenschiff *Hegira* versäumt, das so rasch bestimmt nicht mehr am Hansen-System vorbeikam. Nun, das hier war ein regelmäßiges, wenn auch niedriges Einkommen, das ihnen half, die Dockgebühren zu bezahlen und Zahlungsunfähigkeits-Bescheide abzuwenden. Bis jetzt.

Das Problem lag natürlich im Fortschritt. Seit immer modernere, rationellere Schiffe vom fortschrittlichen Konföderations-Zentrum an die Grenzen vorstießen, wurden die älteren Schiffe, welche die Kolonien belieferten, ausrangiert oder mußten sich dem Konkurrenzkampf mit den leistungsfähigen neuen Frachtern stellen. Die *Missed,* eine Brigg mit einem Zwischending aus Magnetfeld- und Atomantrieb, hatte bis vor kurzem durchaus mithalten können, und wenn sie die Randgebiete ansteuerte, so lag das weniger an einer veralteten Technik als an den persönlichen Problemen ihres Kapitäns. Aber ständig drängten mehr Schiffe in die Randsysteme nach, und allmählich kam es zu einer unerfreulichen Enge.

Moses verließ seine Kabine und strebte zum Personaldeck. Unterwegs machte er halt in der Kombüse, um sich eine Tasse Kaffee einzuschenken. Koffein und frische Luft waren ein gutes Abschreckmittel für den Erzbischof.

Die Sichtluke glitt auf. Moses trank einen Schluck Kaffee – und spuckte ihn aus. »Was zum Teufel ist das?«

Mitten auf dem Dockgelände stand ein Gebäude, das am Tag zuvor noch nicht dagewesen war. Er wußte, daß es nicht dagewesen war. Es kam zwar gelegentlich vor, daß er im Rausch Dinge sah, die es nicht gab, aber daß er Dinge *übersah,* die es *gab,* das hatte er noch nie erlebt.

Doch da ragte nun eine gedrungene, häßliche Masse aus metallischen Würfeln zwischen den schlanken Nadeln von Frachtern und Fährschiffen auf, und er hatte nicht die geringste Erklärung dafür.

Ganz abgesehen davon, daß dieses Ding eigentlich nicht existieren konnte, war es der unmöglichste Platz für ein Gebäude, den Moses Callahan sich vorstellen konnte.

Außer...

»Niemals ist das ein Schiff!« murmelte Moses vor sich hin. »Es kann kein Schiff sein.«

»Es ist aber eines, Käptn«, entgegnete Maureen O'Shaunessy. Moses drehte sich um. Sie trug einen lässigen, verschossenen Morgenmantel und hatte ebenfalls eine Tasse Kaffee in der Hand. Ihr rotes Haar war zurückgebunden und gab das feingeschnittene Gesicht frei. Wenn sie nicht gerade damit beschäftigt war, die *Irish Missed* auf Zack zu bringen, sah sie aus wie eine Neunzehnjährige. Jedesmal, wenn Moses Callahan ihr so begegnete, verliebte er sich aufs neue unsterblich in sie... genauso, wie er jedesmal vor Gott und der Menschheit ihre grünen Augen verfluchte, wenn sie darauf beharrte, daß eine ordentliche Reparatur oder eine wichtige Neuerung auch Geld kostete.

»Ein Schiff – was soll das heißen?« fragte er. »Das Ding fliegt nicht mal, wenn du ihm einen taktischen thermonuklearen Sprengsatz unter dem Hintern zündest und einen ordentlichen Tritt dreingibst.«

»Soviel Mühe wäre überflüssig«, bremste ihn Maureen. »Es reicht, wenn du auf ein kleines Knöpfchen drückst. Das dort ist das *A. S. Albatross* von Proxima Centauri.«

»Das *A. S.* –?«

»Antigrav-Schiff.« Sie nickte, als sie seinen Gesichtsausdruck bemerkte. »Allem Anschein nach haben sie jetzt ein wirtschaftliches Verfahren für größere Schiffe gefunden. Ein mehr als wirtschaftliches. Wenn man dem Kapitän glauben darf, besitzt das Ding viermal soviel Frachtraum wie jedes andere Schiff hier im Hafen und operiert bei knapp einem Drittel der normalen Unkosten.«

»Gott steh uns bei! Was leistet der Kahn?«

»Im Vergleich zu unserem eine ganze Menge. Das Schiff benutzt ein Antriebsfeld, das den gesamten Rumpf umschließt, und die Beschleunigung wird nur durch die Zeit begrenzt.«

»Heiland im Himmel! Du weißt, was das bedeutet, oder?«

Maureen O'Shaunessy nickte.
»Wir sind wieder mal pleite.«

Das Geräusch erreichte ihn am zweiten Tag, eine Mischung aus einer U-Boot-Sirene und dem Todeswimmern eines wahnsinnigen Beagles, der aus tausend Wunden blutete. Chavez hatte keine Ahnung, was einen solchen Lärm veranstalten konnte, aber die dünnen Plastikwände der Hütte erschienen ihm mit einemmal schrecklich eng. Er nahm seine Flinte und ging auf die Felsen zu, die sich im Hintergrund des Camps auftürmten.

Rafer Stone kam ins Lager gerast, ohne Waffe und völlig aufgelöst. Er veranstaltete einen Teil des Sirenen-Beagle-Geheuls.

Den Rest steuerte der Drache bei. Eine lange Blutspur zog sich über seine Schnauze, offenbar ein Streifschuß von Rafer Stone. Das Vieh glitt mit geduckten, langen Sprüngen über den Boden, wie ein mächtiger Felsblock mit zwanzig Zentimeter langen Zähnen.

Chavez starrte eine Sekunde lang, dann schoß er. Sein erster Schuß mit der fremden Waffe wirbelte Staub weit hinter dem anstürmenden Ungeheuer auf. Der zweite traf die Vorderklaue.

Der Drache klang wie ›Krach-Rumms‹ und stürzte, rollte herum und richtete sich ein Stück vor Chavez wieder auf. Der jagte eine Ladung in das breite Knochenjoch zwischen den tiefliegenden Augen. Der Drache schüttelte den Schädel und röhrte wütend. Dabei zeigten sich im Hintergrund seines Rachens zwei weitere Zahnreihen. Humpelnd griff er von neuem an.

Er war zehn Meter entfernt, als Chavez wieder schoß. Die zweite Vorderklaue gab unter dem Monster nach. Es krachte mit dem Schädel voraus in den Boden. Chavez stellte die Waffe auf Automatik. Der Drache stemmte sich auf den Hinterpfoten hoch – ein furchterregender Anblick. Das große Maul öffnete sich, und Drachengebrüll erfüllte die Welt, als Chavez abdrückte, nicht gezielt, sondern den Lauf einfach in die Mitte der gewaltigen Freßmaschine gerichtet.

Der massige Schädel knallte sechs Fuß vor ihm erneut in den Staub. Der Drache bäumte sich in einem letzten Zittern auf und verendete.

Rafer Stone kam keuchend näher, ein schlaksiger Kerl mit viel zu langem Gesicht, das irgendwie an amerikanische Horrorfilme erinnerte. »Herr Jesus, war das knapp. Danke, Kamerad!«

»Wo ist deine Flinte?«

»Irgendwo draußen, auf meinem Traktor.«

»Was war denn los?«

»Na was schon, zum Henker? Ich habe daneben getroffen.«

Chavez murmelte: »Heiland!« und holte das Magazin aus seiner Waffe. Noch drei Bolzen waren übrig. Er schüttelte angewidert den Kopf und schob sie in die Tasche. Es war nicht seine Absicht gewesen, so verschwenderisch herumzuballern, aber der erste Drache seines Lebens hatte ihn stärker beeindruckt als erwartet.

»Und überhaupt, was machst du hier draußen?« fragte Rafer.

Chavez seufzte.

»Du sollst mir beibringen, wie man Drachen erlegt...«

Er lernte es, nach und nach.

Rafer Stone war auch Farmer auf Wolkenheim gewesen. Ihm hatte die *vor*letzte Dürre das Genick gebrochen. In den vergangenen drei Jahren hatte er sich so recht und schlecht damit durchgeschlagen, die großen Raubtiere von den Süd-Ebenen wegzuputzen. Rafer Stone kannte sich aus mit Drachen. Er besaß allerdings kein pädagogisches Talent, was sich als Segen – in Anführungsstrichen – erwies: Wer das Training mit Rafer Stone überlebte, der überlebte auch alles andere auf Trollshulm. Chavez hegte den vagen Verdacht, daß Santer ihn aus diesem Grund hierher geschickt hatte. Darin täuschte er sich allerdings; Eli Santer hätte es nie zugelassen, daß ein Neuer hopsging, ehe er Profit brachte. Trotzdem...

Eines Tages arbeiteten sie an die fünfzehn Kilometer vom Camp entfernt. Den Traktor hatten sie zwei Kilometer zuvor verlassen, da die Drachen in jüngster Zeit die dröhnenden Dinger mieden. Chavez erklomm eine kleine Düne, um die Gegend nach Drachenspuren abzusuchen.

In diesem Moment spritzte ein doppelter Staubgeysir hoch, und die Düne erhob sich. Sand rieselte in alle Richtungen, und Chavez schlitterte über eine breite Drachenflanke in die Tiefe.

Ein Schädel von der Breite einer Pferdeschulter schwang zu ihm herum. Er setzte dem Vieh eine Ladung mitten in die Schnauze. Es zuckte zurück und schloß die Augen. Dann rollte Chavez in verzweifelter Hast zur Seite, als eine klauenbewehrte Hinterpfote da im Sand zu wühlen begann, wo er gestürzt war.

Der Drache wirbelte mit einem Tempo herum, das man bei einem solchen Koloß nie vermutet hätte. Das Riesenmaul klappte auf, und Chavez und Rafer ballerten in konzertierter Aktion los.

»Tja, das machen sie manchmal, daß sie sich einbuddeln«, erklärte Rafer, während die Bestie im Todeskampf zuckte. »Sie fressen sich voll und verdauen dann in aller Ruhe. Vielleicht mögen sie den kühleren Sand in der Tiefe.«

»Danke für die Frühwarnung«, knurrte Chavez.

»Was hast du bloß immer? Ich kann nicht an alles denken. Warum sagen euch denn die vom Stützpunkt nichts?«

»Heiland!«

So also sah die Lehre bei Rafer Stone aus.

Der Fortschritt brachte Armut.

Nicht überall, versteht sich. Die *Albatross* scheffelte das Geld; ihr Gewinn wurde praktisch nur durch die Anzahl der Flüge begrenzt, die sie machen konnte – und bei lässigen drei oder vier g Beschleunigung, die kaum eine Belastung für Mannschaft oder Systeme brachten, konnte sie sehr viel mehr Flüge als jedes andere Schiff auf Wolkenheim machen. Sie mußte nicht einmal voll beladen; der Eilzuschlag, den sie für die rasche Beförderung der Güter bekam, glich die eine oder andere leere Frachtluke voll aus. Die Gesellschaften, die auf den Asteroiden Edelmetalle schürfen ließen, profitierten von ihrer Existenz, um nur ein Beispiel zu nennen, ebenso ein Pharma-Kombinat, das sie als Druckmittel gegen die *Irish Missed* und ihre Kontraktoren einsetzte. Callahans Auftraggeber befanden sich urplötzlich in einer scheußlichen Zwickmühle: Die Konkurrenz unterbot sie im Preis und überbot sie in der Menge. Das ließ ihnen nur eine Alternative.

Moses Callahan starrte den Kündigungsschrieb an. Er war vollkommen legal; der Originalvertrag sah nach sechs Flügen eine

Kündigungsoption vor, und die Gesellschaft nahm diese Option eben wahr – auch wenn es Callahan das Schiff kostete.

Der einfachste Weg wäre es nun gewesen, Wolkenheim einfach zu verlassen und die *Missed* an den nächsten Sternenfrachter anzukoppeln. Dabei gab es allerdings ein Problem. Wenn die *Missed* das Hansen-System ohne offizielle Genehmigung verließ, verlor Callahan den Anspruch auf die Kaution von einhundertzwanzigtausend Mark, die er für sein Handelsschiff hatte hinterlegen müssen. Moses konnte sich das nicht leisten. Gab er jedoch ein Gesuch auf Rückzahlung der Kaution ein, war das für die Regierung ein sicherer Tip, und ein so prachtvolles Schiff wie die *Irish Missed* ließ man nicht ohne weiteres ziehen. Der Magnet-Atom-Antrieb mochte im Vergleich zur *A. S. Albatross* veraltet sein; den alten Magnetkuttern und Schrottkähnen, die sich in Regierungsdiensten befanden, war sie jedoch haushoch überlegen. Moses Callahan kannte die krummen Touren; jeder Kapitän in den Rand-Systemen kannte sie: Es kamen nur so und so viele Sternenfrachter so und so oft vorbei. War einer fällig, dann wollte es der dumme Zufall, daß es eine Versicherungsfrage, ein Steuerproblem oder eine technische Überprüfung zu erledigen gab, und das dauerte so lange, bis der Sternenfrachter verschwunden war und man die einträglichen Fährflüge zum und vom Rendezvous-Punkt in den Kamin schreiben konnte... Als nächstes hatte man angesichts der *Albatross*, die eine ganze Größenordnung mehr leistete, auch bei Aufträgen innerhalb des Systems – siehe Pharma-Transporte – das Nachsehen. Es folgten ganz sicher immer längere Standzeiten mit immer höheren Dockgebühren, Versicherungsprämien und Flugkosten, während die Einnahmen ständig schrumpften. Und der letzte Schritt war dann Pfändung wegen zu hoher Schulden, und Moses Callahan verlor sein Schiff.

Der Fortschritt brachte auch anderswo Elend.

Lakim Tovas saß in seinem Büro auf Wolkenheim und starrte über den Schreibtisch hinweg Eli Santer an. Es zeugte vom Gewicht seiner Neuigkeiten, daß er Santer gebeten hatte, persönlich nach Trollshulm zu kommen.

»Die Ankunft dieses Schiffes, der *Albatross*, könnte sich unter Umständen günstig für uns auswirken«, sagte er. »Wir haben die *Tucson* und die *Abilene* bisher an der Grenze der Rentabilität gehalten, meist sogar einen kleinen Verlust hinnehmen müssen, weil sie in der Sonderklasse versteuert sind. Jetzt, da die *Albatross* das System unsicher macht, können wir vielleicht einen kräftigen Steuernachlaß wegen des gesunkenen Nettopreises durchsetzen.«

»Wir könnten sogar daran denken, eines oder beide der Schiffe an die Regierung zu verkaufen«, meinte Santer, »und selbst Frachtraum auf der *Albatross* zu mieten.«

»Das könnten wir«, stimmte Tovas zu. »Es hängt davon ab, ob es Sie stört, unseren Versand unter fremder Regie zu sehen oder nicht. Außerdem glaube ich, daß die Wertminderung auf lange Sicht mehr einbringt als ein rascher Verkauf.«

Santer nickte. »Schön«, sagte er. »Dann bleiben wir bei der Wertminderung.«

»In Ordnung.«

Eli Santer lehnte sich in seinem Sessel zurück und musterte Tovas. »Aber Sie haben mich doch sicher nicht auf diese Welt gelockt, um mit mir über Steuern zu plaudern. Was läuft sonst noch schief?«

Tovas atmete schwer aus. »Ich habe mit unserem Mittelsmann bei TerraCo gesprochen.«

»Und?«

»Sie senken den Ankaufspreis für Häute.«

Santer richtete sich langsam auf. »Haben die den Verstand verloren? *Sie* senken den Preis? Wie zum Henker glauben sie, daß sie damit durchkommen?«

»Allem Anschein nach behauptet ein Labor auf der Erde, es könne die Silikatketten, die unsere Drachenhäute so wertvoll machen, synthetisch herstellen.«

»Lächerlich! Die *Drachen* brauchen drei Jahre für den Prozeß, und so was wollen die Klugscheißer auf industrieller Basis schaffen? Das ist Quatsch.«

»Ich weiß, ich weiß«, sagte Tovas, »und im Grunde ist Johnson unserer Meinung. Ich habe mir von ihm eine Kopie der Laborwerte besorgen lassen. Das neue Produkt ist echter Drachenhaut an Zugfestigkeit überlegen, aber die Haut nutzt sich weniger ab... Außerdem leidet das Zeug stärker unter Umwelt- und Industriekorrosion und ist zu einem höheren Grad strahlungsdurchlässig.«

»Mit anderen Worten – sie bringen Schund auf den Markt und versuchen, damit unsere Preise zu drücken!«

»Angeblich kam die synthetische Herstellung schon beim Prototyp um dreißig Prozent billiger als der Preis für echte Häute.«

»Prototyp!« fauchte Santer.

»Sicher.« Tovas zuckte mit den Schultern. »Aber der Unterschied sticht so ins Auge, daß TerraCo mit beträchtlichen Investitionen in das Verfahren einzusteigen gedenkt...«

»Und diese beträchtlichen Investitionen wollen sie mir aus der Tasche ziehen! Ach was, zum Henker damit! Wenn sie unsere Preise nicht bezahlen wollen, dann kriegen sie eben keine Ware mehr. Wann kommt der nächste Frachter hier vorbei – die *Northwest Passage*, wenn ich mich nicht täusche?«

»In einem guten Monat.«

»Aha. Dann wird sie eben diesmal keine Häute mitnehmen.«

»Und wie wollen Sie die Kosten für diese Maßnahme decken? Sie müssen schließlich die Drachenhäuter bezahlen – oder die Burschen zumindest ernähren!«

»Was schlagen Sie vor? Bezahlen oder umsonst ernähren?«

»Bezahlen – unter allen Umständen. Wenn sie Geld haben und einkaufen, fließt wenigstens etwas Kapital in die Gesellschaft zurück. Aber Sie können nicht den vollen Preis für die Häute zahlen, nicht, wenn Sie die *Passage* vorbeifliegen lassen.«

»Haben wir nicht genug Kapital, um einen Lieferausfall zu verkraften?«

»Leider nein, nicht beim augenblicklichen Stand der Dinge. Ich fürchte, unsere Investitionspolitik hat sich in manchen Punkten als wacklig erwiesen. Die Ernten brachten keinen vollen Ertrag, und die Ankunft der *Albatross* hat den Pharma-Markt so gründlich durcheinandergewirbelt, daß wir die Auswirkungen wohl auch zu spüren bekommen.«

»Steckt Geld von uns in der *Irish Missed*?«

»Leider.«

Santer runzelte die Stirn. »Also gut. Dann reduzieren wir eben den Ankaufspreis für Häute um zwanzig Prozent.«

»Werden sich das Ihre Drachenhäuter auf Trollshulm gefallen lassen?«

»Was können sie dagegen tun? Wir werden ihnen allerdings Krediterleichterungen bieten, um sie bei der Stange zu halten. Außerdem – wohin zum Teufel sollen sie denn gehen?«

Rafer Stone starb so, wie er gelebt hatte: lässig.

Ihr Traktor kroch eine Düne hoch und glitt auf der anderen Seite hinunter – genau auf einen Drachen zu, der sich gerade einbuddelte. Die kleine Maschine wurde in die Luft geschleudert, und Chavez landete hart auf dem Rücken. Seine Sinne schwanden einen Moment lang. Als er wieder sehen konnte, schloß sich eben das Drachengebiß um Rafer. Stone schrie nicht einmal; er fand keine Zeit dazu. Der Drache schüttelte nur den Kopf. Im nächsten Moment sah Rafer Stone aus wie eine zerfetzte Stoffpuppe.

Der mächtige, blutverspritzte Schädel der Bestie schwang zu Chavez herum. Sein Gewehr war nirgends zu sehen. Er umklammerte das schwere, nutzlose Gürtelmesser (einmal hatte er einen anderen Häuter gefragt, wozu das Messer gut sei, und folgende Antwort erhalten: »Wenn so ein Vieh dich in die Enge treibt, kannst du dir die Kehle durchschneiden.«) und fuchtelte ohne große Hoffnung damit herum. Der Drache kam auf ihn zu – und brach zuckend zusammen, als die fremden Gifte, die Rafers Körperchemie enthielt, zu wirken begannen.

Es dauerte einige Minuten, bis der Koloß endgültig an seiner Beute verendet war, und mehr als eine Stunde, bis Chavez sich überwinden konnte, ihn zu häuten.

Er hörte erstmals von dem Zwanzig-Prozent-Abzug, als er die Haut im Stützpunkt ablieferte. Er war noch völlig betäubt von Rafers Tod und seinem eigenen knappen Entkommen, und so belustigte es ihn fast, daß nicht einmal Rafers letzte Leistung auf dem rauhen Planeten den gebührenden Lohn fand.

Chavez betrat das Magazin. Shasti schaute auf und lächelte, als sie ihn erkannte, doch sein Gesichtsausdruck ließ das Lächeln einfrieren.

»Was ist los?« fragte sie.

»Mach hier dicht«, entgegnete Chavez. »Ich mag mich nicht allein besaufen.«

Sie lächelte wieder, ein wenig schwach, als könne sie seine Stimme nicht recht deuten. »Gern, Chavez, aber ich weiß nicht, ob Eli...«

»Nein!« unterbrach Chavez sie sehr ruhig und sehr bestimmt. »Ich kann den Namen Eli Santer im Moment nicht hören. In Ordnung?«

Shasti musterte ihn kurz und nickte dann. »In Ordnung, Chavez.«

Die Kantine des Stützpunkts war weniger voll als gewohnt, da die Nachricht von der Lohnkürzung die Häuter wenigstens vorübergehend zum Sparen veranlaßte. Lange hielt der Trend sicher nicht an. Alkohol gehörte unbedingt dazu, wenn man die Realität des Lebens und der Drachen bewältigen mußte.

Shasti saß mit ihm in einer Ecke des niedrigen Permaplastgebäudes und nippte hin und wieder an ihrem Drink. Chavez hatte sein zweites Glas leer und schüttete eben das dritte in sich hinein.

»Eine Frage«, begann er. »Wie viele Menschen schaffen es je, diese Welt zu verlassen?«

»Genau weiß ich das auch nicht«, erklärte Shasti. »Ich bin erst seit anderthalb Jahren hier.«

»Was geschah mit den Leuten, die vor dir kamen?«

Shasti zuckte mit den Schultern. »Seit ich hier bin, gingen, glaube ich, insgesamt vier Häuter. Einer davon hatte allerdings die Beine verloren.«

»Prächtige Aussichten«, murmelte Chavez und starrte düster vor sich hin.

»Chavez!« Bei ihrem Tonfall schaute er auf. »Man *kann* hier wegkommen«, sagte sie. »Die meisten machen den Fehler und fügen sich. Sie fügen sich in die Schulden und die Preisschwankungen. Und sie finden sich damit ab, daß sie der Freiheit immer ein Stückchen hinterherlaufen. Das darf man nicht, meine ich. Ich glaube *echt*, daß man in einem Jahr oder so genug Geld zurücklegen kann, um den Planeten zu verlassen.«

»Du glaubst das echt?« Chavez schluckte die Hälfte seines Drinks. »Rafer Stone ist tot.«

»O nein!«

»Ich ging rüber in die Buchhaltung, weil ich mich um seine Sachen kümmern wollte«, fuhr er fort. »Weißt du, wieviel er gebraucht hätte, um als zahlungsfähig zu gelten? Fünftausend Mark. Weißt du, wieviel er auf seinem Konto hatte? Viertausenddreihundertfünfundsiebzig. Und weißt du, wie er ums Leben kam? Durch Pech – ganz blödsinniges Pech.« Er begann sich den nächsten Drink einzugießen. »Möglich, daß ich hier rauskomme. Ich weiß es nicht. Aber ich weiß ganz genau, daß ich mich dafür nicht kaputtschinden werde. Der Zufall spielt mir eine zu große Rolle...«

»Und du meinst nicht, daß du auch mal Glück haben könntest?«

Chavez stellte das Glas weg und griff nach der Flasche.

Ein Gleiter setzte den neuen Partner von Chavez drei Tage später ab.

Duncan Joubouline war ein kleiner, feister Kerl mit rundem Gesicht und vorstehenden Zähnen, die er ständig zu einem nervösen Grinsen entblößte. Sein Kollege war einen Monat zuvor weggebracht worden, nachdem er beide Beine verloren hatte. So würfelte man die beiden halben Teams zu einem Gespann zusammen. Das kam billiger, als neue Leute anzuheuern. Er plapperte beständig mit hoher, hastiger Stimme vor sich hin, aber nach einer Weile schaffte es Chavez, das Geschwätz auszublenden, so wie er ein langweiliges Tridi-Programm, das neben seiner Arbeit herlief, einfach nicht beachtete. Es war eine notwendige Abwehr. Andernfalls hätte ihn der gutgemeinte Redeschwall dazu getrieben, Duncan den Kragen umzudrehen.

»Ich mach' das nun seit drei Jahren mit«, erzählte er gerade. »Und ich hab's weit gebracht, auch wenn man so was nicht von sich selber sagen soll. Noch drei Jahre, und ich bin weg von hier – das heißt, wenn sie nicht plötzlich auf die Idee kommen, uns noch mehr als die zwanzig Prozent abzuziehen. Können uns ja gleich umsonst arbeiten lassen, he?«

»Ganz recht.« Chavez gab möglichst nichtssagende Antworten. Das schien Joubouline nicht zu stören – nur wenn er gar nichts sagte, versuchte der kleine Schwachkopf beharrlich, seine Aufmerksamkeit zu erhaschen.

»Verdammt recht. Weißt du...«

»Still!« Sie folgten einem Flußbett mit seichtem Wasser und hörten mit einemmal Geräusche weiter vorn, ein mächtiges Scharren und Schnauben.

»Auf geht's zur Drachenjagd!« sagte Chavez.

Er nahm die Flinte von der Schulter und kroch über die Böschung ans höhergelegene Ufer. Geduckt, um sich nicht allzu deutlich gegen den Horizont abzuheben, spähte er nach vorn. Der Fluß machte eine Biegung, und genau im Knick flogen Schmutzfontänen in die Luft, der helle, trockene Sand, der die Oberfläche bedeckte, aber auch dunkle, feuchte Klumpen aus tieferen Schichten. Chavez konnte den Drachen selbst nicht sehen und wußte auch nicht, in welche Richtung das Tier schaute. Der Drache seinerseits war so damit beschäftigt, seine durch Höhlenlabyrinthe fliehende Beute zu verfolgen, daß er seiner Umgebung keine Aufmerksamkeit schenkte. Andernfalls hätte er die beiden Männer vermutlich näher kommen hören.

Chavez schlitterte wieder die Böschung hinunter. Der dicke Joubouline stand mitten im Wasser, verlagerte nervös sein Gewicht von einem Fuß auf den anderen und betastete den Gewehrschaft. Sein Blick war starr nach vorn gerichtet, zu der Stelle, wo die Drachenlaute herkamen.

»Ich habe ihn entdeckt, aber ich kann nicht sehen, welche Lage er einnimmt«, erklärte Chavez. »Paß auf! Etwa hundert Meter weiter hinten gabelt sich der Fluß. Allem Anschein nach vereinigen sich die beiden Wasserläufe wieder jenseits der Biegung. Wenn du dem Nebenarm folgst, müßte wenigstens einer von uns in der Lage sein, das Vieh von hinten anzugreifen.«

»Ja. Ist gut.« Joubouline rührte sich nicht. Chavez bemerkte zum erstenmal, daß auf seiner Stirn dicke Schweißtropfen standen.

»He, fehlt dir was?«

Es dauerte einen Moment, bis Joubouline seine Worte zu verstehen schien. »Wie? Nein, was soll mir fehlen? Alles in bester Ordnung.«

»Ehrlich?«

»Klar, Mann.« Er drehte sich um und ging den Weg zurück, den sie gekommen waren. Chavez schaute ihm nach, bis er aus seinem Blickfeld verschwunden war, und stapfte weiter den Fluß entlang.

Der Drache hatte seine Beute, eines jener vielbeinigen Höhlentiere, erwischt und in Stücke gerissen. Er kauerte ein wenig abgewandt da, so daß Chavez ihn in voller Länge sehen konnte. Der Drachenhäuter stützte den Kolben gegen die Schulter und zielte.

Eine laute Salve klang jenseits der Bestie auf. Der Drache stemmte den Oberkörper in die Höhe und wirbelte herum; im gleichen Moment erspähte Chavez seinen Partner, das Gesicht zu einer starren, weißen Maske der Furcht verzerrt, das Gewehr an der Hüfte. Er hatte den Abzug auf Automatik gestellt und jagte dem Koloß eine Ladung nach der anderen entgegen. Die Bolzen prallten wirkungslos an den harten Schuppen ab. Mit einem schrillen Wimmern ergriff er die Flucht, als der Drache einen Sprung nach vorn tat und sich auf seine Spur heftete.

Chavez fluchte. Er jagte einen Dreifachschuß in die Flanke des Kolosses, aber der hatte einen Feind vor Augen und ließ sich von einem so schwachen Kitzeln nicht ablenken.

Chavez hängte sich die Flinte über die Schulter und kroch noch einmal die Böschung hinauf. Er rannte quer über die Ebene auf den Nebenfluß zu, dem Joubouline gefolgt war. Wenn der Dicke nicht auf dem gleichen Weg floh, den er gekommen war, konnte Chavez ihm überhaupt nicht helfen. Floh er aber auf dem gleichen Weg, dann hatte Chavez keine andere Wahl, als sich der heranstürmenden Bestie entgegenzuwerfen.

Drachengebrüll, einmal und dann ein zweitesmal, näher. Chavez änderte seine Richtung so, daß er Beute und Verfolger den Weg abschneiden würde. Das Gewehr in beiden Händen, stolperte er praktisch über den Rand der Böschung und schlitterte in das ausgetrocknete Flußbett. Er hatte sich kaum gefangen und aufgerichtet, als Joubouline und der Drache um die Kurve gejagt kamen. Joubouline stieß einen Schrei aus, als er den Lauf der Waffe sah, und warf sich zur Seite. Der Drache hatte zuviel Schwung, um das gleiche zu tun. Das gräßliche Maul klappte auf, und Chavez drückte ab.

Das Vieh war zu nahe. Chavez konnte nichts tun als schießen, aber der Drache hatte zuviel Fahrt, würde nicht mehr rechtzeitig anhalten –

– der Zusammenprall schleuderte ihn zurück und zur Seite. Er schlug gegen die Böschung und klatschte wie ein nasser Sack zu Boden. Das letzte, woran er sich erinnerte, war ein gigantischer glitzernder Leib, der in einer Staubwolke zusammenbrach.

Als er wieder zu sich kam, lag der Drache ein Stück hinter ihm. Er öffnete die Augen und beobachtete das immer noch schwach peitschende Schwanzende der Bestie. Sie lag halb auf der Seite, und Chavez konnte die Furchen der Gewehrbolzen entlang der Flanke erkennen. Keines der Projektile hatte die harten Schuppen durchdrungen, aber die Haut war so zerfetzt, daß sich bestimmt nur die Hälfte davon verkaufen ließ. Schlecht, dachte Chavez immer noch halb betäubt, schlampige Arbeit...

Er erhob sich, völlig steif. Er spürte keine Nadelstiche, die auf Knochenbrüche hingedeutet hätten, aber die Rippen rechts schmerzten stark. Vielleicht die Knorpelhaut abgesplittert, dachte er, nicht wenig stolz auf diese schlaue Diagnose. Er suchte und fand sein Gewehr, gratulierte sich, daß er trotz aller Verwirrung cool blieb – und machte sich auf den Weg zum Traktor. Nur, das Ding war nicht da. Das befremdete ihn etwas, bis er herausfand, daß die Reifenabdrücke parallel zu den Spuren verliefen, die der Traktor auf dem Hinweg in den Sand gezogen hatte. Er folgte ihnen.

Es war ein sehr langer Fußmarsch, und Chavez konnte sich später nur verschwommen daran erinnern. Draußen herrschte Dunkelheit, bis er das Camp erreichte und auf die Hütte zustolperte. Nur das kaltgrüne Licht von Hansenwald erhellte seinen Weg.

Er schleppte sich zur Destillieranlage, trank mehr Wasser, als er je getrunken hatte, und dann zerrte er den betrunkenen Duncan Joubouline von seiner Pritsche und schlug auf ihn ein, bis er selbst das Bewußtsein verlor.

Er blinzelte in helles Tageslicht.

Allem Anschein nach hatte er wirklich mehr Wasser getrunken, als er vertragen konnte, denn er lag in einer klebrigen Pfütze von Erbrochenem. Sein Gehirn sagte ihm allerhand Grobheiten, ehe er zum Funkgerät schwankte.

Der Stützpunkt-Quacksalber war ein Musterexemplar seiner Gattung. Ob Chavez Blut hustete? Nein? Dann waren vermutlich keine Rippen gebrochen. Allerdings könnte er eine Gehirnerschütterung erlitten haben. Für den Fall, daß ihm schwindlig oder schlecht – *was*? Na ja, dann würde er wohl überleben.

Während des ganzen Gesprächs saß Duncan Joubouline auf seiner Pritsche und starrte ihn mit rotverschwollenem Gesicht elend an. Der Doktor brach den Kontakt ab, Chavez legte das Mikrofon weg und starrte Joubouline an, als sähe er ihn zum erstenmal.

»Bist du immer noch da?«

»Wo zum Henker soll ich'n hingehn?«

»Das war gestern kein Problem für dich.«

»Hm...«

Chavez holte einen Krug Wasser und spülte sich den Mund aus. Ein Brechreiz schüttelte ihn, als er ein paar Tropfen davon verschluckte.

»Pack dein Zeug und hau ab!« sagte er. »Ich werd' ein Gesuch stellen, daß ich einen neuen Mann kriege. Du verschwindest mit dem nächsten Gleiter.«

»Da wird nichts draus.«

»Was?«

»In der nächsten Zeit kommen keine Neuen. Bevor sie mich hier rausbrachten, hörte ich im Stützpunkt Gerüchte, daß Santer knapp bei Kasse ist. Deshalb drückt er auch den Preis für Häute. Und er holt keine Neuen rein, solange er die Leute, die für ihn arbeiten, nicht zahlen kann. Sieht also ganz danach aus, als müßten wir beide es miteinander aushalten, mein Lieber.«

»Großartig!« stöhnte Chavez und warf sich auf sein Bett. »Herrgott noch mal, ich kann nicht glauben, daß du schon drei Jahre hier bist. Hast du in all der Zeit denn keinen einzigen Drachen *gesehen*?«

»Keinen, der auf mich losstürmte!«

»Und wie bist du dann zu deinen Häuten gekommen?«

»Ich und mein Partner – Ch'uan-his Cheng hieß er –, also, wir warteten, bis die Viecher sich vollgefressen und eingebuddelt hatten. Dann schaufelten wir vorsichtig die Schädel frei und gaben einen Schuß durch die Augen ab.«

Chavez war beeindruckt. »Eine raffinierte Methode!«

»Ja, dieser Cheng war ein schlauer Bursche. Und die Sache klappte hervorragend, bis auf das eine Mal. Entweder fingen wir zu früh mit dem Graben an, oder der Drache hatte einen leichten Schlaf.«

»Er ist aufgewacht?«

»Ja, er ist aufgewacht. Und bei der Gelegenheit verlor Cheng beide Beine. Ich hatte gehofft, so etwas nie wieder mitansehen zu müssen – und dann kommst du und forderst das Schicksal geradezu heraus!«

Chavez nickte. Jetzt verstand er die Panik des Dicken. Er bereute zwar nicht, daß er ihn wegen seines feigen Verschwindens zusammengeschlagen hatte, aber er verstand ihn zumindest.

»Paß auf!« sagte er. »Wenn wir schon ein Team bleiben müssen, dann arbeiten wir auch zusammen. Ich bin hierhergekommen, um Drachen zu häuten, mein Lieber, und genau das werden wir beide tun. Nur eines: Wenn du in einer ähnlichen Lage noch einmal türmst, bring' ich dich um. Kapiert?«

»Kapiert.« Was hätte er sonst sagen sollen?

Duncan Joubouline floh nie mehr mit dem Traktor, aber er wachte auch nie mehr nüchtern auf. Er hatte eine Flasche in seinem Marschgepäck mitgebracht, und als sie leer war, bestellte er beim Versorgungsgleiter eine ganze Kiste. Whisky kostete im Stützpunkt mehr als vierzig Mark der Liter. Eine Kiste reichte ihm etwa zwei Wochen. Mit anderen Worten, er versoff in der Woche vierhundertachtzig Mark.

Chavez versuchte auf ihn einzuwirken, ihm klarzumachen, daß er nie mehr von Trollshulm loskam, wenn er seinen ganzen Verdienst und mehr für Whisky ausgab. Aber mit einem entschlossenen Trinker konnte man nicht reden. Joubouline kannte seine finanzielle Lage; er führte darüber so sorgfältig Buch wie ein Penner, der seine letzten Münzen für einen Schoppen Rotwein hortete. Er wußte, was er tat, verdammt noch mal, und Chavez sollte ihn gefälligst in Ruhe lassen. Sein Schuldenkonto wuchs.

Der Preis für Heilkräuter auf Wolkenstein geriet schwer ins Wanken. In ihrer Begeisterung über die niedrigen Frachtkosten der *Albatross* hatten die Firmen, die mit dem neuen Schiff zusammenarbeiteten, den Absatzmarkt überschätzt und zuviel aufgekauft. Die Gesellschaften im Zentrum der Konförderation versuchten ihrerseits die Preise mit dem Hinweis auf zu hohe Lagerbestände zu drücken. Das Kombinat, das mit der *Missed* zusammenarbeitete – und in der *Missed* steckte auch Santers Geld –, sah sich gezwungen, ebenfalls die Preise zu senken, um wettbewerbsfähig zu bleiben. Santer reduzierte den Ankaufspreis für Häute um fünfundzwanzig Prozent. Auf Trollshulm gärte es, und er mußte die Kreditzinsen drastisch senken.

Der Kräutermarkt stand vollends vor dem Ruin, als sich herausstellte, daß der Geschäftsführer einer Zweigfirma in den Zentralwelten systematisch in die eigene Tasche gewirtschaftet hatte und mit einemmal kein Geld mehr da war, um die umfangreichen Lieferungen zu bezahlen. Die plötzliche Schwemme von Heilkräutern, die rasch und billig losgeschlagen werden mußten, trieb die Preise in den Keller.

Santer zahlte nur noch die Hälfte des früheren Preises für Häute.

»Was zum Teufel soll das heißen, sechshundert Mark?« kreischte Joubouline. »Hier sind sechs Häute bester Qualität! Wollt ihr vielleicht behaupten, daß ihr nur noch lausige hundert Mark pro Stück zahlt?«

»Das ist der neue Preis«, bestätigte der Zahlmeister.

»He, verdammt noch mal, das lasse ich mir nicht bieten! Das lassen wir uns nicht bieten! Oder was meinst du, Chavez?«

»Ich seh' sonst keinen, der uns ein Angebot macht«, entgegnete Chavez.

»Da hören Sie es!« warf der Angestellte ein. »Er kapiert die Lage. Mann, wie sollen wir zahlen, wenn wir kein Geld haben? Es ist ein mieser Preis, das wissen wir alle, aber wenn Sie dadurch in Schwierigkeiten kommen, können Sie jederzeit Kredit kriegen. Zinslos, bis die Preise wieder anziehen.« Der Mann verstand was von seinem Job. Er hatte einen Baßbetäuber griffbereit daliegen, aber er wollte keinen Ärger. Es war einfacher, im Gesprächspartner das Gefühl zu wecken, daß man auf seiner Seite stand und ihm zu helfen versuchte. Auf diese Weise brachte man die Leute dazu, fast alles zu schlucken.

Nur, diesmal klappte die Strategie nicht. Duncan Joubouline sah seine genau vorberechneten Whiskyrationen versickern und nichts sonst. Er drehte sich um und rannte im Sturmschritt aus dem Verkaufsbüro. Chavez seufzte und lieferte die Häute ab.

Wohl aus Angst, in Zukunft auf dem trockenen zu sitzen, lief Joubouline zuallererst in die Kantine und erstand eine Flasche.

Als Chavez hereinkam, hatte sein Partner bereits zu einem gleichmäßigen Rhythmus gefunden, er kippte ein Glas nach dem anderen und murmelte während des Nachschenkens: »Verdammt noch mal, das ist nicht fair, verdammt noch mal!«

»Aber der Suff wird die Sache besser machen!« fauchte Chavez. Er war über die Phase hinaus, da er für Jouboulines Schwäche Entschuldigungen gelten ließ.

»Ach, ist doch sowieso alles im Eimer«, murmelte Joubouline. »Die haben uns genau da, wo sie uns haben wollen. Wir sind dankbar für die Brocken, die sie uns hinschmeißen – so sehn die das. Und wenn sie je wieder die Preise erhöhen, dann stecken wir alle so tief in der Kreide, daß wir bis zum Verrecken auf diesem Scheißplaneten bleiben müssen.«

»Also hilft es auch nichts, wenn du diesen Fusel in dich hineinschüttest.«

»An diesem Punkt kann es auch nicht mehr schaden, Freund.«

Chavez hatte seinen Bekehrungsversuch unternommen; sein Gewissen war rein. Er wandte sich von Joubouline ab und bestellte ein Bier.

Eine schnelle, verschwommene Bewegung und das Klirren von

Glas ließen ihn aus seinen düsteren Gedankengängen schrecken. Joubouline hatte die leere Flasche gegen die Bar geschmettert.

»Gottverdammt noch mal, es ist nicht fair!« kreischte er und stürzte aus der Kantine. Es entstand ein bedrücktes Schweigen, als die wenigen Besucher die Glassplitter an der Theke anstarrten.

Dann hörten sie die Schüsse.

Alles rannte nach draußen. Die Szene wirkte verblüffend normal. Es gab keine Panik, dazu war nicht genug Zeit vergangen. Noch wußte keiner, in welche Richtung sich seine Panik wenden sollte. Die Leute, die sich in der Nähe befanden, standen mitten in der Bewegung erstarrt: eine Gruppe von Häutern neben der Verladerampe, in ihrem Gespräch unterbrochen, etwas abseits beugte sich ein Mann über ein verschnürtes Bündel, das er eben mit einem Greifer vom Traktor gezerrt hatte. Dann kam das harte, trockene Fetzen von Gewehrbolzen, und die Menschen stürzten davon, um sich in Sicherheit zu bringen. Im Nu war die Straße leergefegt. Chavez hatte sich am Eingang der Kantine zu Boden geworfen. Erst danach sah er die beiden zusammengesunkenen Gestalten vor der zerschossenen Tür der Zahlstelle und einen von Santers Leibwächtern, der an der Tür zum Warenlager lehnte und ungläubig die tiefe Bauchwunde anstarrte, die Joubouline ihm mit dem Häutermesser beigebracht hatte. Gleich darauf klang erneut das trockene Gewehrrattern auf, und Chavez rollte in Sicherheit, als ein paar Bolzen in die Permaplastwand über seinem Kopf schlugen.

Duncan Jouboulines Belagerung war drei Stunden alt.

Beide Seiten warteten ab. Natürlich hatte das Kopfjägerrudel von Eli Santer das Lagergebäude rasch eingekreist, aber das Wissen, daß Joubouline mehrere Fenster und eine Kalaschnikow-Kern mit einem vollen Magazin zur Verfügung standen, hielt die meisten Leute davon ab, sich auf der Straße blicken zu lassen, wenn sie es irgendwie vermeiden konnten.

Die beiden Leichen vor der Zahlstelle hatte man entfernt. Der Kopfjäger vor dem Lager war eine Stunde nach dem Angriff verblutet und lag noch an Ort und Stelle. Die Kopfjäger hießen so, weil sie sich im Töten von Menschen geschickter anstellten als im Töten von Drachen; ihrem Naturell war es in den meisten Fällen fremd, etwas für einen Kameraden zu tun – und das, obwohl Joubouline ihnen mehrmals zugerufen hatte, sie könnten den Verletzten ungehindert bergen.

Die Kopfjäger wußten nicht recht, wie sie sich in dieser Lage verhalten sollten. Anfangs, als Joubouline noch wild um sich schoß, um seine alkoholgeschürte Wut loszuwerden, war die Lösung einfach erschienen: hinter einer Mauerkante oder einem Traktor in Dekkung gehen und das Feuer erwidern. Das hatte aufgehört, als Anders Trebig, dem Boß der Kopfjäger, zu Bewußtsein gekommen war, daß alles, was sich im Lagerschuppen befand, bis hin zu und einschließlich Shasti Kane, Eli Santer gehörte. Von da an hatten sie versucht, das Gebäude mit Baßresonanzen aus ihren Betäubern abzudecken, wieder so lange, bis Trebig die Kosten für die verbrauchten Energieaggregate mit dem Aufwand verglich, zehn Zentimeter Permaplast zu durchdringen. So beschränkte man die Knallerei auf gelegentliche Warnschüsse.

Dann kam jemand auf die glänzende Idee, Chavez nach drinnen zu schicken. Schließlich war er der Partner des Verrückten, vielleicht schaffte er es, ihn zum Aufgeben zu überreden. Und wenn er es nicht schaffte, na ja, dann hatte Eli Santer eben einen hungrigen Magen weniger auf der Ausgabenliste. Eli Santers Finanzen hatten einen Stand erreicht, wo derartige Überlegungen durchaus zählten.

Es war ein furchtbar langer Weg über die leere Straße, zwischen massierten Gewehrläufen auf der einen und Jouboulines schwer einschätzbarer Reaktion auf der anderen Seite. Chavez blieb zehn Schritte vom Eingang des Lagers entfernt stehen.

»Joubouline? Duncan? Ich bin es, Blackstone!« rief er. Er zuckte zusammen, als der Randstrahl eines Baßbetäubers an ihm vorbeifegte. Die Mauer der Lagerhalle bebte bei dem Aufprall, und er wartete angespannt auf das Lospeitschen von Gewehrbolzen. Als nichts dergleichen kam, drehte er sich um und warf den versammelten Kopfjägern einen wütenden Blick zu. Einer der Belagerer entschuldigte sich mit einer Handbewegung. Chavez wandte sich wieder der Lagerhalle zu.

»Duncan? Ich komme jetzt rein. Da – ich bin völlig okay.« Er hatte kein Gewehr. Das Messer holte er aus dem Gürtel und legte es sorgfältig zu Boden, dann öffnete er langsam das Hemd, um zu zeigen, daß er nichts am Körper verborgen trug. »Keine Waffen, siehst du, Duncan?«

Joubouline antwortete nicht. Chavez wartete. Joubouline tat allem Anschein nach das gleiche. Chavez drehte sich um und warf einen Blick auf die Kopfjäger, die sich im Hintergrund verteilt hatten. Er konnte Anders Trebig erkennen und ein neues Gesicht – Santer selbst, der ihn ausdruckslos beobachtete. Er schüttelte den Kopf und ging los.

Duncan Joubouline lehnte an einer Wand, als Chavez eintrat. Der Dicke schaute ihn nicht an. Überall da, wo es Fenster gab, waren die gegenüberliegenden Wände von Bolzen zerfetzt. Außerdem hatte jemand in ein Dosenregal geballert. Der Inhalt der Konserven tropfte klebrig zu Boden.

Shasti Kane kauerte in einer Ecke, die Knie bis ans Kinn gezogen. Ein dumpfes Klatschen ertönte, als von neuem die Baßresonanzen der Betäubungsstrahler gegen die Wände prallten. Das Permaplastmaterial schluckte eine Menge; Chavez fühlte sich, als würde sein Kopf in einer mittelgroßen Trommel stecken, aber Shasti zuckte zusammen wie unter einem elektrischen Schlag, und der Lauf von Jouboulines Gewehr beschrieb einen weiten Bogen. Offensichtlich konnte man selbst gedämpfte Schwingungen über längere Zeit nur schwer ertragen. Als Shasti sich wieder aufrichtete, murmelte sie Flüche in ihrer Heimatsprache.

Joubouline war nicht mehr betrunken, zumindest nicht so betrunken, daß er aggressiv herumrandalierte. Seine Züge wirkten erschlafft, als lohne sich Haltung nicht mehr. Seine Augen waren ausgebrannt, gequält von dem Wissen um das sichere Ende.

Chavez schaute ihn an und wußte anfangs nicht, was er sagen sollte. Er kam sich entsetzlich plump und exponiert vor, wie er so im Eingang stand, deshalb tat er einen Schritt nach drinnen, wo ihn die Kopfjäger nicht mehr sehen konnten – und er, nebenbei, nicht mehr in ihrer Schußlinie war.

Joubouline tat ihm den Gefallen und brach das Schweigen.

»Nun...«, begann er. Ein ganzes Schicksal lag in diesem Wort. »Ich schätze, wir haben uns da ein schönes Problem aufgeladen.«

Chavez unterdrückte die Antwort, daß *er* nicht daran beteiligt war. »Sieht ganz danach aus.«

»Tja. Ich schätze, die haben dich reingeschickt, damit du mich zum Aufgeben überredest.«

Chavez fühlte sich mit einemmal elend in seiner Rolle. »Genau. Aber das ist Quatsch, und wir wissen es beide. Mann, du hast dich gegen Eli Santer gestellt und ihm eine Menge Scherereien bereitet. Du kannst hier drinbleiben oder rauskommen – du bist in jedem Fall ein toter Mann. Laufen läßt der dich nie.«

»Nein, damit hab' ich auch nicht gerechnet. Aber ich mußte es tun«, sagte er. »Ich mußte ganz einfach, Chavez. Die beuten uns brutal aus, ich wäre da nie wieder rausgekommen, verstehst du? Ich hätte nie mehr heimgekonnt. Und jetzt bleibe ich eben hier.« Er lächelte, ohne die Miene zu verziehen. »Irgendwo häng' ich immer fest.«

Eine Woge des Mitgefühls, nein, des Selbstmitleids, überrollte Chavez. Er sah nicht mehr Duncan Joubouline; er sah sich selbst ohne jede Hoffnung an der Wand lehnen. Er sah sich selbst, Chavez Blackstone, und er wußte, daß es kein Trugbild war. Vielleicht nicht sofort, vielleicht nicht in diesem Jahr oder im nächsten; aber irgendwann würde er genauso dastehen, mit diesem schlaffen Gesichtsausdruck, genauso kaputt wie der Dicke, kaputtgemacht dadurch, daß er die anderen über sich bestimmen ließ, ohne sich zu wehren – daß er für die anderen arbeitete, ohne an *seine* Ziele zu denken.

Soweit durfte er es nicht kommen lassen. Aber im Moment gab es noch etwas anderes zu erledigen, das einzige, woran er gedacht hatte, seit er sich im Innern der Lagerhalle befand.

»Du bist so oder so ein toter Mann«, sagte er, und wenn man bei einem solchen Satz Bedauern in die Stimme legen konnte, so tat er es. »Aber ich sehe nicht ein, weshalb wir mit dir sterben sollen. Laß zumindest das Mädchen und mich hier raus, ehe sie dich holen.«

»Ist gut«, sagte Joubouline achselzuckend.

Chavez zog Shasti hoch und ging auf die Tür zu. Er schob langsam einen Arm nach draußen, winkte und wollte etwas rufen –

– doch ehe er einen Ton herausbrachte, wurde ihm der Arm heftig zurückgerissen, gelähmt von einer dröhnenden Salve Baßresonanzen, die das Bauwerk aus seinen Fundamenten zu heben schienen. Während er Shasti mit sich zu Boden zerrte, hörte er durch die dumpfen Schwingungen, welche die Luft erschütterten, das hohe dünne Pfeifen von Schnellfeuerbolzen. Eine stickige Wolke aus Permaplaststaub erfüllte den Raum. Er schaute auf und sah Joubouline gegen die Wand taumeln, getroffen von einem Bolzen.

Duncan hielt sich immer noch auf den Beinen, als die erste Welle von Kopfjägern ins Innere stürmte. Seine Schulter war zerfetzt, und er starrte ungläubig auf sein Gewehr, das er am Lauf umklammerte. Offenbar war diese Haltung bedrohlich genug; der vordere Kopfjäger gab einen gezielten Schuß auf seine Brust ab.

Dann wimmelte es im Lagerraum von Angreifern. Man umdrängte sie so dicht, daß sie nicht aufstehen konnten. Jemand trampelte auf dem betäubten Arm von Chavez herum.

Santer und Trebig schauten gleichgültig zu, wie Duncan Joubouline ins Freie geschleppt wurde. Chavez und Shasti folgten den Kopfjägern, die den Toten trugen.

In Shastis Augen glomm ein merkwürdiges Licht, und ihr Gesichtsausdruck ließ sich auch kaum durch die Wirkung der Baßresonanzen erklären. Oder vielleicht doch.

Sie ging auf Santer zu. Der grinste breit auf sie herunter. Das Grinsen verging ihm, aber die Zähne blieben gefletscht, als sie ihm das Knie mit aller Wucht zwischen die Beine stieß. Santer krümmte sich, und sie krallte nach seinen Augen.

Chavez spürte ein Prickeln im Nacken, so wie man das Nahen eines Gewitters an einem feuchtheißen Tag spürte. Er schaute auf und sah die geschwollene Zigarrenform der *Irish Missed* per Magnetantrieb in die Tiefe schweben.

Drachenhaut kleidete Shasti Kane ebensowenig wie der große blaue Fleck auf der Wange. Santer hatte sich nach einiger Zeit erholt.

Chavez musterte seine neue Partnerin, während er an das Gespräch mit Moses Callahan in der Stützpunkt-Kantine zurückdachte. Die *Missed* war durch irgendein raffiniertes Manöver von

Santers Seite nach Trollshulm gelangt. Nach dem Abspringen der Terra-Co. brachte es ihm allem Anschein nach Steuervorteile, wenn er seine eigenen Schiffe stillegte und statt dessen die *Missed* für seine Versorgungsflüge anforderte. Aufgrund der Optionsklausel in dem Kontrakt, den er mitunterzeichnet hatte, konnte er das. Soweit es Moses Callahan betraf, änderte sich dadurch überhaupt nichts. Die Aufträge würden sehr, sehr dünn gesät sein, sobald der Kontrakt auslief. Daran hatte er in der Kantine allerdings nicht gedacht. Er war empört über das hinterhältige Spiel gewesen, das man mit Chavez trieb.

»Dieses ganze verdammte System bricht auseinander«, beklagte er sich. »Bastarde wie Santer beuten ehrliche Leute aus, wohin man schaut – mit dem Segen der Regierung, wohlgemerkt. Das Ganze hat einen Punkt erreicht, wo man nicht mal mehr Zugriff zu den Dingen hat, die einem gehören.«

»Ja, die krummen Touren nehmen überhand, Käptn.«

»Als ob ich das nicht wüßte! Stell dir vor, auf dem letzten Flug von Hansenwald verlangt doch so ein Schwein von Zollinspektor offen Schmiergeld von mir, damit er meine Frachtluken in Ruhe läßt! *Verlangt* es! Der Hundesohn hat nicht mal gewartet, ob ich ihm was anbiete.«

Chavez nickte. »Es wird höchste Zeit, daß man von hier verschwindet.«

»Klar, aber wie? Du kannst erst weg, wenn du wieder zahlungskräftig bist. Wie willst du das schaffen – bei der Lage hier und Richter Thorsons Einfluß auf Wolkenheim? Und wenn ich verschwinde, verliere ich entweder fünftausend Konföderations-Credits, die ich dringend brauche, oder mein Schiff wird von der Bürokratie festgehalten, bis alles zu spät ist und die Regierung es beschlagnahmt. Ehrliche Männer wie wir haben keine Chance, mein Lieber.«

Chavez dachte darüber einen Moment lang nach. »Tja, das mag stimmen.« Er trank sein Bier leer. »Käptn, ich habe einen Vorschlag...«

Shasti erwies sich als ausgezeichnete Drachenhäuterin. Sie wählte sorgfältig ihre Position und schoß gezielt, und sie blieb mutig an ihrem Platz, bis sie die Beute niedergestreckt hatte. Was das Häuten selbst anging, so übertraf sie dabei Chavez weit. Sie arbeitete sich buchstäblich in die Eingeweide der Bestien vor, schwang das schwere Messer und murmelte dazu einen leisen Monolog in der Puschti-Sprache, gelegentlich durchsetzt von englischen Flüchen. Chavez hegte den Verdacht, daß sie dabei nicht unbedingt an die Arbeit dachte.

Sie bereiteten ihre Flucht vor. Ganz unauffällig.

Jedesmal, wenn sie zwei Häute im Stützpunkt ablieferten, vergruben sie eine dritte in einem Versteck nahe dem Camp. Andere Geheimplätze enthielten Restbolzen aus leeren Magazinen und Nahrungsmittelkonzentrate, von denen sie hin und wieder ein Paket oder eine Dose abzweigten. Was ihnen freilich am meisten half, war der Vorrat an aufgestautem Haß. Haß gegen Eli Santer, der ihren Tod in Kauf genommen hatte, der ihnen das Geld aus den Taschen stahl, um seine eigenen Schulden damit zu bezahlen – ein Haß, der sie trieb, ihm da weh zu tun, wo er es am meisten spürte.

In der Brieftasche.

Die *Irish Missed* lag auf Hansen's Landing vor Anker, wo sie hoch über die ältere, kleinere *Tucson* aufragte, ein Schwesterschiff des Santer-Frachters *Abilene,* der auf Trollshulm wartete. Moses Callahan thronte im Kontrollraum, umgeben von seinen Sichtschirmen, die in verarbeiteter Form die Informationen wiedergaben, die vor Pilot und Ingenieur auftauchten.

Er drückte auf die Interkom-Taste. »Lady Macbeth, hören Sie?«

»Ich heiße O'Shaunessy, mein Bester, und möchte auch so genannt werden.« Maureen O'Shaunessy war vermutlich der einzige Mensch im ganzen Hansen-System, dessen Stimme rothaarig klang, selbst durch den scheppernden kleinen Interkom-Lautsprecher.

»O'Shaunessy, einem ungeschriebenen Gesetz nach sind alle Schiffsingenieure schottischer Herkunft. Ich habe keine Lust, die heilige Tradition zu entweihen. Wie steht es mit unseren Aggregaten?«

»Die laufen besser, als du es verdienst.«

»Wie ist das möglich? Ich verdiene nur das Allerbeste.« Vorsorglich unterbrach er die Verbindung. »Bitte sehr, Mister Hallorhan«, wandte er sich an den Piloten. »Ich glaube, es ist alles in Ordnung.«

Hallorhan räkelte seine hagere Gestalt, eine Bewegung, die verdächtig an ein unwilliges Erwachen erinnerte. Er drehte an ein paar Schaltern und murmelte dann in das Mikrofon, das vor seinem Gesicht hing:

»Fertig, Käptn! Der Tower bestätigt unseren Kurs. Ankunft Hansenwald eins viervier Greenwich-Zeit.«

»Ich bin schon jetzt traurig, daß wir ihnen diese Illusion nehmen müssen. Raus aus den Startlöchern, Deke!«

Deke Hallorhan drückte auf eine letzte Taste, und der Atmosphäre-Antrieb erwachte zum Leben. Die *Irish Missed* schaukelte sanft in ihrem Startgestell und stieg dann elegant auf, als der Antrieb die Magnetflußlinien des Planeten ertastete und wegdrängte. Erst langsam, dann schneller und schneller entfernte sich das Schiff von den Docks und den planetarischen Gesetzen. Das Kreischen vorbeistreichender Luft drang bis in den isolierten Kontrollraum vor, verstummte aber rasch, als sich die *Missed* gelassen über die zähe Atmosphäre erhob.

»Planetarischen Einflußbereich verlassen!« rief Hallorhan.

»Sehr gut. Dann zünde deine Kerze an, Lady Macbeth!«

Blasses Reaktorfeuer flimmerte hinter der *Missed*, und die Beschleunigung wuchs bei einem gleichbleibenden g, nicht wenig angestachelt von O'Shaunessys Flüchen.

»Mister Hallorhan, wann erreicht die *Natchez* den ersten möglichen Rendezvous-Punkt?«

»Nach unserer derzeitigen Tabelle?« Tasten klickten. »In neun Tagen Greenwich-Zeit, Sir.«

»Ausgezeichnet, Mister Hallorhan. Behalten Sie den Kurs im Auge!«

»Aye, aye, Sir.«

»Später können Sie meinetwegen Ihr Schläfchen fortsetzen. Aber schalten Sie das Mikrofon ab. Ich möchte nicht wieder einen Anpfiff von den Hafenbehörden kriegen – so wie damals, als Sie sämtliche Landefrequenzen blockierten.«

»Sir?«

»Sie schnarchen nicht schlecht, Mister Hallorhan.«

»Ach so.«

»Es war eine Enttäuschung«, gab Shasti zu.

Sie saßen in ihrer kleinen Plastikhütte, jeder einen Drink in der Hand. Ganz unten in Jouboulines Truhe hatte sich noch eine Flasche Whisky gefunden. Die einzigen Laute in der Nacht waren ihre Stimmen und das gedämpfte Surren des Generators draußen. Das winzige Leuchtpaneel in der Hütte hatte nicht die Kraft, den Raum zu erhellen, aber es verbreitete einen warmen, sanften Schein, der zum Plaudern und Trinken einlud.

»Ich bin nicht freiwillig hergekommen, verstehst du?« fuhr sie fort. »Eines Tages kamen Regierungsvertreter in unser Dorf und erklärten, daß wir mit so und so vielen Bewohnern zu einem Kolonisationsprogramm beitragen müßten, wenn wir weiterhin Wert auf staatliche Unterstützung legten. Klar, daß die Wahl sofort auf mich fiel, den kleinen anglo-indischen Bastard.

Man brachte uns alle nach Ramayana Drei – und dann brach die Pest aus. Als sie abgeklungen war, wurden die wenigen Überlebenden auf alle möglichen Kolonien verteilt. Ich fand mich auf Wolkenheim wieder. Meine Suche nach einem Job hatte nicht sofort Erfolg, und so kam ich letzten Endes hierher.«

Sie machte eine Pause und nippte an ihrem Glas. Es gab Tage, da redete sie nicht weniger als Joubouline, aber bei ihr störte es Chavez nicht. Wenn sie etwas sagte, dann einfach, weil es aus ihr heraus mußte. Und Chavez merkte, daß er ihr gern zuhörte.

»Es ist echt eine Enttäuschung«, nahm sie den Faden wieder auf. »Ich dachte immer, ich sei mehr wert als ein Achtel Traktor. Zumindest hatte ich gehofft, mein Preis würde hier draußen ein wenig steigen. Dem ist wohl nicht so.«

»Ich denke, das hängt davon ab, welchen Wert einem der Käufer beimißt, oder?« Erst als der Satz draußen war, merkte Chavez, was er gesagt hatte.

Shasti schaute ihn an. »Ja, das ist gut möglich.«

Die *Irish Missed* jagte weiter, lautlos und elegant, den Doppelwelten Trollshulm und Hansenwald entgegen. Selbst in ihrem Innern hörte man nur die Ventilatoren und das gedämpfte Brodeln der Fusionsflammen in ihren transparenten Pinch-Rohren.

Moses Callahan war stolz auf sein Schiff, auch wenn es nicht mehr dem neuesten Technikstand entsprach. Möglich, daß Mischantriebe im Vergleich zu einem Antigrav-Frachter schwach abschnitten, aber die *Missed* war zuverlässig und tadellos in Schuß, und Moses hätte ihren schlanken Rumpf nie und nimmer gegen einen der häßlichen neuen Kästen getauscht – nicht einmal dann, wenn man ihm angedroht hätte, den Papst zu erschießen. Das gleiche hatten vermutlich die Kapitäne der stolzen Segler empfunden, als sie die Meere an Dampfschiffe verloren, oder die Zeppelinlenker, als die ersten Motorflieger unter ihnen vorbeiknatterten.

Der Fortschritt war eine launische Geliebte; und früher oder später würden ihre treuen Anbeter aus Labors, Hörsälen und Fabriken strömen, um Moses beiseite zu schieben und ihre Gunst von neuem zu erringen. Es wurde höchste Zeit weiterzuziehen, fand er, auf abgelegenen Welten, wo die *Missed* noch konkurrenzfähig war.

Moses Callahan warf einen Blick auf seinen Piloten. Für ihn selbst war die Tiefe des Raumes ein Ort zum Nachdenken und zur inneren Einkehr; hier konnte er seine Seele nach außen kehren und nachschauen, ob die diversen kleinen Flecken sich ausgebreitet hatten. Für Deke Hallorhan war die Tiefe des Raumes ein Ort zum Schlafen; wenn er erst einmal den lästigen Wirrwarr planetarischen Verkehrs und das Labyrinth der Asteroidenbrocken hinter sich hatte, schloß er sein Schaltpult ab und gab sich einem langen Schlaf hin. Moses vermutete, daß Deke Hallorhan in der Lage war, mitten im Flug eine Kurskorrektur einzuleiten, ohne ein einziges REM-Flattern zu versäumen. Er wäre entsetzt gewesen, hätte er gewußt, wie nahe er mit seinem Verdacht der Wahrheit kam.

Inzwischen zeigte sich Trollshulm deutlich als messinggelbe Sphäre auf ihren Bildschirmen. Die Smaragdsichel von Hansenwald, ihr angebliches Ziel, tauchte dicht dahinter auf.

»Mister Hallorhan«, erinnerte Moses, »es wird Zeit, unsere Botschaft zu senden.«

»Jawohl, Sir.« Ohne sich in seinem schräggekippten Sitz aufzurichten, griff Deke Hallorhan nach der schmalen Kassette und schob sie in den Transmitter.

Aus dem Monitor drang eine rauhe Stimme, sorgfältig überlagert von statischen Geräuschen.

»Mayday, Mayday – I.F. Irish Missed, Mayday... Pinchrohrschaden an Steuerbord-Reaktor... Ingenieur tot, Kapitän verletzt und ohne Bewußtsein. Mayday, Mayday...«

Es vergingen vierzig Minuten, in denen die Botschaft geduldig immer wieder abgespult wurde, ehe die erste Antwort von Wolkenheim eintraf.

»An *I.F. Irish Missed, I.F. Irish Missed,* hier Kontrolltower Wolkenheim. Funkspruch erhalten und bestätigt. Was wollen Sie unternehmen?«

Hallorhan stoppte rasch das Band und stellte die Übertragungsfrequenz ein wenig unsauber ein, um das statische Rauschen aufrechtzuerhalten.

»*Irish Missed* an Wolkenheim, Kontrolltower. Hier spricht Pilot Deke Hallorhan. Ich habe das Kommando übernommen, da Käptn Callahan immer noch ohne Bewußtsein ist. Der Heckantrieb funktioniert. Ich habe die Absicht, Trollshulm mit halber Kraft anzufliegen und zu landen, damit Käptn Callahan medizinisch versorgt werden kann.«

Diesmal vergingen knapp fünf Minuten, ehe die Antwort eintraf.

»*Irish Missed,* hier spricht Eli Santer. Bleibt mit eurem Kahn bloß weg von meinem Hafen! Ich habe nicht die technischen Einrichtungen, um einen strahlenden Reaktor zu entseuchen.«

»*Irish Missed* an *Mister* Santer«, fauchte Deke. »Sir, ich glaube nicht, daß Kapitän Callahan die Strecke bis Hansenwald durchhält. Ich lande auf Trollshulm, und wenn ich mitten in Ihrem Rosengarten aufsetzen muß! Ende.«

»Gib's ihm, Deke!« grinste Callahan. »So spricht ein loyaler Kumpel!«

»Mein Schiff ist meine Welt, und mein Käptn ist mein Gott«, murmelte Deke. »Glauben Sie, daß Mister Santer es einfach hinnimmt, wenn man ihm widerspricht?«

»Ich hoffe nicht. Es wird doch ein Vergnügen sein, ihn auszuplündern, oder?«

»Wenn Blackstone seinen Teil des Jobs hinkriegt.«

»Ich glaube, der schafft es. Wir müssen nur rechtzeitig bei ihm sein.«

Der Gleiter bäumte sich von neuem auf und riß beinahe eine Scharte in den Berggrat.

Gord Horvath umklammerte fluchend den Steuerknüppel und zerrte den Antigrav-Schlitten von der Felswand weg – mehr durch seine Willenskraft als durch zusätzliche Antriebsenergie. Aber dadurch geriet er von neuem in die Sturmböen. Staub fegte in so unregelmäßigen Schwaden umher, daß er manchmal Hunderte von Metern durch ein Loch klarer Luft sehen konnte, so als befände er sich in einem Brunnenschacht, der ringsum von festen Wänden umschlossen und in der Mitte absolut frei war. Dann kesselten ihn die Wolken wieder ein, und er mußte den Schlitten blind manövrieren. ›Drachenstaub‹ nannten sie diese widerwärtigen Stürme auf Trollshulm, nach dem widerwärtigsten Geschöpf, das es hier gab. Horvath hatte seine Tour fast beendet, als er die Front am Horizont heraufziehen sah, aber er war überzeugt gewesen, daß er wenigstens noch die letzte Station erreichen würde, ehe sie ihn einholte. Ein Irrtum, wie sich herausstellte.

Nun rüttelte und bockte der Gleiter in den Spiralwirbeln des Sturms. Er war zwar so konstruiert, daß er die Schwerkraft des Planeten spielend überwand – aber mit einer viel zu breiten Angriffsfläche, wenn der Wind ihn im falschen Winkel erwischte. Horvath hatte im letzten Camp, kurz bevor der Sturm ihn einholte, einen neuen Generator abgeliefert, einen schweren Brocken von Apparat, der den Schlitten wie einen Riesenziegelstein durch die Luft sausen ließ. Nun fehlte ihm der Ballast.

Er wußte, daß er sich in der Nähe von Blackstones Camp befand, denn es lag am Ende des Bergzuges, dem er folgte und dessen Fallwinde ihn in die Tiefe zu schmettern drohten, der jedoch seine einzige Navigationshilfe in diesem Sandsturm darstellte. Unvermittelt lichtete sich der Killersand, und Horvath glaubte weit weg, am

Rand einer neuen Staubwolke, die Hütte des Drachenhäuters zu sehen –

– als der Gleiter gegen eine Steilwand des Bergkamms trudelte, die glatt wie Papier und rutschig wie geöltes Glas war. Eine Bö erfaßte die Maschine von unten, während Horvath noch damit beschäftigt war, von der drohenden Wand wegzukommen. Der Schlitten kippte und stieß gegen den Grat.

Er wußte später nicht, was er in diesem Moment getan hatte. Er erinnerte sich nur verschwommen an eine Felsfläche, die ihm entgegenkam, an ein verzweifeltes Zerren am Steuerknüppel, an die Angst vor dem Absturz.

Die Gleiterflanke wurde bei ihrem ersten Stoß gegen den Fels wie von einer riesigen Faust zusammengepreßt. Der Schlitten drehte sich um die Achse des Aufpralls und pendelte weg vom Berg. Als er von neuem heranschlingerte, war der Hang bereits flacher. Sand und Geröll rutschten in einer kleinen Lawine zu Tal. Der Gleiter rutschte mit. Horvath konzentrierte sich ganz darauf, die Maschine vor dem Überrollen zu retten.

Am Fuß des Abhangs angelangt, schaltete er den Antrieb sofort aus. Obwohl der Sturm Sanddünen gegen die Flanken des Gleiters preßte, reichte das Eigengewicht der Maschine aus, um sie vor dem Umkippen zu bewahren. Horvath hatte Glück. Er erkannte, wo er sich befand – keine fünfzig Meter von Blackstones Camp entfernt. Erleichtert, daß ganz in der Nähe ein sicherer Unterschlupf wartete, nahm er sich die Zeit, den Schaden am Gleiter zu untersuchen. Der Bug rechts vorn war eine zerknitterte Masse Stahl, doch der Schaden schien sich auf den Außenrumpf zu beschränken. Start- und Schubplatten der Antigrav-Einrichtung waren unbeschädigt. Horvath versiegelte die Maschine und machte sich auf zu Blackstones Camp.

Etwas lag ihm im Weg, ein unförmiger Klumpen, der nicht so recht in die Landschaftskonturen paßte. Verwirrt beugte sich Horvath darüber – und erkannte, was da lag. Gebündelte, eingewickelte Häute, ein Dutzend vielleicht. Sie waren vergraben gewesen, doch die Geröllawine, ausgelöst von seinem Zusammenstoß mit dem Berghang, hatte sie freigelegt.

Er zögerte. Welchen vernünftigen Grund konnte jemand haben, erstklassige Häute einzubuddeln? Da hatten sich wohl Blackstone und Santers Schlampe was ausgedacht, um den Boß zu hintergehen. Horvath mochte nichts damit zu schaffen haben. Andererseits nahm der Sandsturm zu. Er stolperte weiter zur Hütte.

Eli Santer ging unruhig im Funkschuppen auf und ab. Während der letzten neun Stunden hatte er sich fast nur hier aufgehalten. Es war eine unangenehme Entscheidung gewesen, der *Missed* die Landeerlaubnis zu verweigern, und sie konnte schwerwiegende rechtliche Folgen haben, aber verdammt noch mal, mit der Ladung, die er letztesmal der *Northwest Passage* vorenthalten hatte, und den Häuten, die seitdem eingetroffen waren, kam er endlich aus den roten Zahlen – wenn erst alles in den Frachtluken der *Natchez* lag. Bis zu diesem Moment ging er kein Risiko mehr ein, schon gar nicht das Risiko eines strahlenverseuchten Schiffes. Es reichte, daß ihm ein teurer Gleiter samt Pilot in diesem verfluchten Drachensandsturm abhanden gekommen war.

»Sir«, meldete der Funker, »eine Botschaft von Horvath!«

»Ja, worauf warten Sie noch, Mann? Legen Sie ihn auf den Schirm!« Das Bild flirrte und nahm feste Konturen an. Horvaths Züge waren zu erkennen.

»Mister Santer«, begann er, »in Blackstones Camp ist was faul.«

»Was soll das heißen?«

»Nun, dieser Sandsturm zwang mich, außerhalb seines Camps zu landen, und ich setzte ein wenig unsanft auf. Dabei pflügte die Maschine etwas an die Oberfläche, das im Boden vergraben gewesen war.«

»Ja?«

»Häute, Sir, an die zehn oder zwölf Stück.«

»Häute?« Santer starrte verständnislos in den Bildschirm.

»Ganz recht, Sir. Häute.«

»Was, zum Henker, hat der denn vor?« überlegte Santer. »Ist der Gleiter noch flugtüchtig?«

»Ja, Sir. Ein wenig verbeult, aber sonst okay.«

»Gut. Kommen Sie erst mal zurück in den Stützpunkt.« Er schaltete aus. »Großartig!« tobte er. »Einfach großartig! Erst fällt mir ein verseuchtes Schiff in den Schoß, und dann vergräbt ein übergeschnappter Drachenhäuter fünfzigtausend Credits – o verdammt!« Er fuchtelte dem Funker vor der Nase herum. »Los, peilen Sie die Sicherheitsmannschaft an – aber zackzack, Mann!« Der Schirm verdunkelte sich und begann wieder zu flimmern, als der Funker eine neue Kombination eingab.

»Ich brauche Trebig«, erklärte Santer dem Posten, der sich meldete. »Blackstone und die Hure versuchen sich ein paar Häute unter den Nagel zu reißen.«

Sechs Gleiter standen in Reih und Glied im Kasernenhof der Kopfjäger. Ein Dutzend Männer kam ins Freie gelaufen, alle bewaffnet mit geladenen Kalaschnikow-Kern-Flinten und Ersatzmagazinen. Die Jagd konnte losgehen. Sie kletterten in ihre Maschinen und starteten in Richtung Westen.

Wie so oft nach einem schweren Sandsturm war die Luft besonders klar und durchsichtig. So kam es, daß Shasti die winzigen Tupfen der Antigrav-Gleiter in der Sonne glitzern sah, als sie noch weit weg den Bergkamm entlangflogen. Sie wandte sich an Chavez, der eben eine frische Haut auf den Traktor zerrte.

»Chavez, schau dir das mal an!«

Blackstone gab der blutigen Haut einen letzten Schubs und trat dann neben Shasti. Seine Blicke folgten ihrem ausgestreckten Finger. Die Gleiter kreisten jetzt unentschlossen über dem Camp. Nach einer Weile löste sich einer aus dem Rudel und landete hinter den Dünen.

»Was, zum Henker, geht da vor?«

»Die suchen uns!«

»Ich seh's.«

»Vielleicht haben sie gemerkt, daß wir sie beschummeln.«

»Heiland!«

»Und was machen wir jetzt?« Der Gleiter stieg wieder auf und gesellte sich zu seinen Brüdern. Gleich darauf verteilten sich die Maschinen über der Wüste.

»Uns erwischen lassen, schätze ich.«

»Ich hatte dir mehr schöpferische Fantasie zugetraut.«

»Los, auf den Traktor!«

Es war eine *lange* Fahrt. Der Traktor konnte bei einer Hals-über-Kopf-Flucht vierzig bis fünfzig Kilometer in der Stunde schaffen, aber dabei hätten sie eine Staubfahne aufgewirbelt, die jedem Kopfjäger im Umkreis von hundert Kilometern aufgefallen wäre. So krochen sie mit aufreizenden zehn bis fünfzehn Stundenkilometern dahin; der feine Sand, der sie zuvor zu entlarven gedroht hatte, wehte nun ihre Spur zu. Sie konnten erkennen, daß die Kopfjäger das Gebiet hinter ihnen sorgfältig durchkämmten. Noch waren sie nicht herangekommen, aber sie rückten näher. Alle Traktoren besaßen einen grellroten Anstrich, damit man sie rasch fand, wenn sie einmal mit einem Defekt liegenblieben. Ihr Vehikel hatte zum Glück völlig sandverkrustete Flanken. Aber sehr viel näher mußten die Gleiter nicht kommen, um sie zu entdecken.

Sie fanden die kleine Schlucht, die Chavez gesucht hatte. Der Traktor kippte halb in die Tiefe, und das Getriebe knirschte empört, als Chavez herunterschaltete. Er steuerte das Gefährt in den Schutz der Gegenböschung, die einen kleinen Überhang besaß und eine meterlange Strecke in Schatten hüllte.

Chavez und Shasti entspannten sich, bis sie die Traktorrinnen auf dem Boden der Schlucht sahen. Hier waren die Spuren vom Wind geschützt und so deutlich zu erkennen wie eine Wegmarkierung.

Chavez reagierte schnell, aber Shasti war noch schneller als er. Sie sprang vom Sitz, riß sich im Laufen die Jacke von den Schultern und verwischte damit die tief eingegrabenen Profile, erst eines, dann das andere. Im gleichen Moment, da sie wieder in die Deckung des Überhangs tauchte, surrte ein Schlitten im Tiefflug vorbei.

Sie lauschten dem Triebwerkgeräusch, das sich langsam entfernte. Einen Moment lang war alles still. Dann schaute Chavez Shasti an. Sie fing seinen Blick auf und schlüpfte in ihre Jacke, mit einer fließenden, kaum wahrnehmbaren Bewegung.

»Das ging flink«, meinte Chavez anerkennend.

»Ja, genau wie vorhin.« Sie lachte. »Und was machen wir als nächstes?«

»Nicht viel«, entgegnete Chavez. »Die *Missed* landet erst in anderthalb Tagen. Uns bleibt keine andere Wahl, als auf den Einbruch der Dunkelheit zu warten und uns dann zum Lager zurückzuschleichen. Vielleicht schaffen wir es, an die Häute heranzukommen.«

»Darauf werden sie warten, glaubst du nicht?«

»Tja...«

Sie kauerten angespannt im Schatten eines großen Felsblocks und spähten über die Lichtung zur Hütte, die völlig im Dunkel lag. Hinter ihnen, auf der Ebene draußen, stach von Zeit zu Zeit ein Lichtfinger aus dem Himmel, wenn einer der Schlitten seine Patrouille flog. Sie hatten zwei Stunden gebraucht, um den Weg bis hierher durch den Sand zurückzulegen, doch die paar Meter, die sie noch vor sich hatten, waren die gefährlichsten. Mit einem Seufzer kroch Chavez aus der Deckung und huschte am Rande der Lichtung entlang zur Hütte. Niemand war zu sehen. Der Grund dafür zeigte sich bald...

Als er die Hütte betrat, preßte sich etwas Kaltes in seinen Rücken. »Keine Bewegung!«

Der Kopfjäger hatte einen Fehler begangen, als er Chavez so nahe kam. Der warf sich zur Seite und schlug noch im Fallen mit dem Gewehrlauf nach hinten. Ein paar Bolzen zischten an seinem Ohr vorbei. Er drehte sich um und hieb noch einmal auf seinen Gegner ein, der die Waffe fallen ließ und sich zusammenkrümmte.

Den zweiten Kopfjäger, der in einer Ecke der Hütte geschlafen hatte, bekam er gar nicht zu Gesicht. Der Mann rempelte ihm die Schulter in den Magen und floh ins Freie.

Chavez sah ihn über die Lichtung rennen. Er schoß ihm nach, verfehlte ihn jedoch. Als er die Verfolgung aufnahm, verschwand der Kerl gerade hinter einem Felsen.

Er umrundete den Steinblock, und der Kopfjäger, der neben seinem gut getarnten Gleiter stand, streifte ihn mit einem Strahl aus seinem Baßbetäuber. Blackstones linke Körperhälfte war mit einemmal gelähmt, und er schlug hart zu Boden. Er spürte, wie sich ein Felsbrocken in seine Rippen bohrte, und wußte, daß er ganz schöne Schmerzen haben würde, sobald das Lähmungsgefühl wich.

Der Kopfjäger sagte gerade: »Mister Trebig, Mister Trebig, ich hab' ihn, Sir...« Da klang ein häßlicher Laut auf, wie das Zerfetzen von Leinen. Chavez drehte den Kopf. Sein Gegner taumelte gegen die Gleiterflanke, das Mikrofon fiel ihm aus der Hand. Shasti kam herangelaufen, die Flinte noch schußbereit. Blaß und mit zusammengepreßten Lippen untersuchte sie den Toten. Dann kam sie auf Chavez zu, steckte unterwegs das drahtlose Mikrofon des Gleiters in die Tasche und murmelte ein paar ärgerliche Flüche in Puschti.

»Blöd«, sagte sie, während sie das Gewehr umhängte und Chavez hochzustemmen versuchte. »Das war ausgesprochen blöd von dir, einfach loszurennen. Was hast du dir dabei gedacht? Ich konnte kaum folgen.«

»Ich weiß«, entgegnete Chavez mit etwas schwerer Zunge, weil der Betäubungsstrahl noch wirkte. »Aber ich liebe dich trotzdem.«

»Hast auch allen Grund dazu«, meinte sie giftig. »Los, hilf mir ein wenig mit, ich bin doch kein Gewichtheber! Hopp – aufstehen!«

Sie kam mit zwei Kanistern Wasser und den Flinten der Kopfjäger zurück in den winzigen Unterschlupf. Die Nische in der Bergflanke war so flach, daß man sie kaum als Höhle bezeichnen konnte, aber sie bot Schutz von oben und ein wenig auch von den Seiten. Shasti hatte mit viel Mühe die gebündelten Häute aus dem Versteck geschleppt und vor dem Eingang aufgestapelt. Dann war sie zum Camp zurückgekehrt, um den verborgenen Proviant zu holen, einmal und noch ein zweitesmal, während Chavez hilflos in der Mulde lag und sich um sie sorgte. Ganz allmählich ließ das taube Gefühl in der Seite nach. Der Morgen zog herauf, und er hatte gezittert, daß die Helligkeit das Mädchen überraschen könnte.

»Wie geht's?« erkundigte sich Shasti.

»Besser«, berichtete Chavez und bewegte schwach die Finger der linken Hand. Eigentlich hatte er den Arm heben wollen.

»Hat doch perfekt geklappt, oder?«

»Na ja, mir erschien die Zeiteinteilung reichlich knapp...«

Sie sagte ein paar scharfe Worte in Puschti und kauerte an der Barrikade nieder, um Wache zu halten. Chavez zog sich steif in die Deckung zurück. Er wußte ohnehin, welcher Anblick ihn erwartete.

Auf die abgebrochene Botschaft des Kopfjägers hin waren die Schlitten im Stützpunkt wieder gestartet. Und als Shasti zu ihrem letzten Gang gestartet war, vor knapp zehn Minuten, hatten sich die Maschinen dem Camp bereits genähert. Jetzt kreisten sie unschlüssig am Himmel.

»Ich schätze, sie warten, bis es hell ist«, sagte sie.

»Wenn sie schlau sind.«

»Glaubst du immer noch, daß wir es schaffen?«

»Probieren müssen wir es – mangels anderer Möglichkeiten.«

»Da hast du auch wieder recht.«

Die Kopfjäger bildeten einen Ring um den Sockel des Berges. Trebig hatte sich nicht die Mühe gemacht, Verstärkung anzufordern; alles, was er brauchte, war bereit.

Sie arbeiteten sich langsam höher, nutzten jede noch so kleine Deckung auf dem Weg zu der kleinen Felsnische. Unvermittelt jagte eine Salve von Gewehrbolzen vor ihm in den Boden, und Trebig warf sich flach hin. Die anderen Männer folgten seinem Beispiel.

»Komm keinen Schritt näher, Anders!« rief Chavez scharf.

»Mann, Blackstone, was bezweckst du mit dem Quatsch?« rief Trebig zurück. »Du klebst hier fest.«

»Du auch.«

»Es vereinfacht die Sache, wenn du dich stellst.«

»Vielen Dank. Ich hab' schon mal erlebt, wie das bei euch aussieht.«

»Dann müssen wir dich eben aus deinem Schlupfwinkel rausballern.«

»Na los, fang ruhig an! Der Boß zieht's dir sicher vom Gehalt ab.«

»Häh?«

»Wenn du Häute im Wert von fünfzigtausend Credits zerlöchern willst – bitte!«

Trebig fluchte. Er sah erst jetzt, daß sich die beiden abtrünnigen Drachenhäuter hinter den gestohlenen Häuten verschanzt hatten.

Dann grinste er sarkastisch.

»Geh nicht weg, Blackstone. Wir denken uns was aus.«

»Laßt euch ruhig Zeit«, murmelte Chavez und rutschte wieder

hinter die Häute. Er wandte sich an Shasti: »Es steht unentschieden.«

Dann war die kleine Höhle voll von umherschwirrenden Splittern. Über die Barrikade der Häute hinweg kam das Feuer, in einem hoffnungslos hohen Schußwinkel. Die Bolzen prasselten auf das Dach der Nische. Einige sausten als Querschläger in den Sandboden, andere aber zerschellten und erfüllten die Luft mit winzigen Stahlfragmenten. Chavez und Shasti rollten sich instinktiv zusammen, dann sprang das Mädchen mit einem Satz hoch und jagte einen Schuß den Hang hinunter. Bolzen schwirrten mit erneuter Wut links und rechts von ihr durch die Luft, und sie ließ sich dicht neben Chavez zu Boden fallen, die Arme an den Kopf gepreßt. Das Belagerungsfeuer ging immer weiter...

Trebig grinste, als der Kopfjäger mit der langläufigen, auf einem Stativ montierten Flinte das verbrauchte Magazin wegwarf. Die Sache ließ sich einfacher an, als er gedacht hatte.

»Mister Santer, eben ist die *Irish Missed* in die Atmosphäre eingedrungen.«

»Verdammt! Wie sieht die Geschichte draußen bei Trebig aus?«

»Er sagt, daß sie Blackstone und die Keane in der Falle haben. Kann nicht mehr lange dauern, bis die beiden erledigt sind.«

»Richten Sie ihm aus, er soll sie *sofort* erledigen. Und dann verbinden Sie mich noch einmal mit der Sicherheitstruppe.«

Ein paar Männer von Santers Killergarde schleppten schwere Kisten in den Wartungs-Hangar der Gleiter. Die Kisten waren mit Kodenummern des Wolkenheim-Militärs gekennzeichnet. Mechaniker begannen den Inhalt zu verdrahten und am Bug von zwei Gleitern zu befestigen.

Eine Stunde war verstrichen, und Chavez und Shasti lebten immer noch. Sie hatten zwei Sturmversuche abgewehrt, bluteten jedoch aus mehreren Wunden, die von verirrten Querschlägern stammten. Chavez hatte vielleicht noch ein Viertelmagazin übrig, in Shastis Flinte war keine Munition mehr.

Trebig war wütend. Er hatte bereits vier Leute per Gleiter zurückgeschickt, zwei tot, einer der beiden Verletzten in kritischem Zustand. Seine letzten fünf Mann lagen keine zehn Meter vom Eingang der Nische postiert; und wenn er sie nur ein letztesmal zum Angriff bewegen konnte, war die Sache gelaufen. Sie schienen allerdings zu zögern; eine so heftige Gegenwehr waren sie nicht gewohnt. Steif und zerschlagen von der langen durchwachten Nacht, machte er sich auf den Weg, um sie zu motivieren.

Die *Missed* hatte jede Vortäuschung aufgegeben. Rasch sank sie durch die Atmosphäre in die Tiefe und steuerte einen unauffälligen Bergkamm am Rande der großen Sandebenen an.

Zwei Gleiter erhoben sich von Santers Stützpunkt, seltsam schwankend unter dem Ballast, der das Gewicht der Sprengköpfe am Bug ausgleichen sollte.

Chavez hob vorsichtig den Kopf und zog ihn sofort wieder ein, als Bolzen über die Barrikade hinwegfegten.

»Da unten ist einiges in Bewegung geraten. Ich schätze, die starten in Kürze ihren nächsten Versuch.«

»Und ich schätze, daß sie es diesmal schaffen.«

»Sieht ganz danach aus.«

»Nun ja, wie schon gesagt – es war eine Enttäuschung.«

»Nicht nur für dich.« Chavez kratzte sich im Nacken. Die Luft wirkte sonderbar dick, und seine Kopfhaut kribbelte.

Trebig sprang hoch und stürzte sich mit einem Schrei nach vorn – doch im nächsten Moment lag er platt am Boden, während ihm eine große unsichtbare Hand die Flinte wegriß. Er schaute auf und erblickte eine riesige Metallfläche. Dreihundert Fuß interplanetarischer Frachter schoben sich mit der Breitseite näher. Jenseits der dunklen Silhouette sah er die verbogenen Ruinen der Gleiter, über die der Koloß hinweggestrichen war. Seine Leute, durch das Antriebsfeld ähnlich entwaffnet wie er, stolperten entsetzt den Hang hinab, überzeugt davon, daß das riesige Schiff gleich landen und sie plattwalzen würde. In aller Hast schloß er sich dem Rückzug an.

Die *Irish Missed* blieb dicht vor der Behelfsfestung von Chavez und Shasti in der Schwebe. Eine Luke glitt auf, und Moses Callahan warf ihnen ein Windenseil samt Haken zu. Chavez fing es auf, führte Haken und Seil durch die Verschnürung der Drachenhäute. Dann klammerten er und Shasti sich mit letzter Kraft an dem Ballen fest, und die Winde begann zu arbeiten. Ein Teil der Kopfjäger, unbewaffnet, aber wutentbrannt, kam auf den Bug der *Missed* zugerannt. Sie sahen gerade noch, wie die beiden Gegner im Innern der Luke verschwanden.

»Nett, daß du mal vorbeigeschaut hast«, meinte Chavez.

»Nett, daß du dich kurz zur Begrüßung erhoben hast.« Ein dumpfer, dröhnender Schlag tief im Innern des Schiffs ließ das Deck unter ihren Füßen erzittern.

»Was, zum Henker, war das?« fauchte Moses und hieb mit der Faust auf die Interkom-Taste. »Deke, Maureen! Was geht hier eigentlich vor?«

»Gleiter, Käptn«, erwiderte Hallorhan. »Sie beschießen uns – allem Anschein nach mit Raketensprengsätzen.«

»Die letzte detonierte im Frachtraum Nummer Drei«, ergänzte O'Shaunessy. »War zum Glück leer. Im Maschinenraum möchte ich so ein Ding allerdings nicht sehen.«

»Verdammt noch mal, den Quatsch müssen wir uns nicht gefallen lassen, oder, Deke?«

»Ganz sicher nicht. Haltet euch fest!«

Deke Hallorhans Finger glitten über das Schaltpult. Da, wo die Detonation die Elektronik beschädigt hatte, blinkten rote Warnlichter.

Aber noch während er Energie in den Magnetantrieb pumpte, erloschen einige der Lämpchen unter Maureen O'Shaunessys kundigen Händen.

Die *Irish Missed* hatte, von ein paar Betäubern und Gewehren abgesehen, keine Waffen an Bord. Sie hatte noch nie welche benötigt. Aber sie bestand aus dreihundert Fuß Stahllegierung, und das Verhältnis von Masse zu Schub war fein ausgeklügelt. Das reichte völlig.

Santers Gleiter hatten sich getrennt. Während einer angriff, beobachtete der zweite aus der Ferne den Ausgang des Manövers.

Nun jagte der zweite Schlitten in einer Steilkurve heran. Der Pilot wartete lange mit dem Schuß, kam noch näher, richtete das Zielkreuz genau auf den Bug der *Missed* aus – und dann war das Schiff verschwunden.

Die *Missed* zog steil hoch und weg von dem kleinen Gleiter, der streifte ihr Antriebsfeld und wurde fortgeschnippt. Verzweifelt bemühte sich der Pilot, das Gleichgewicht zu halten.

Er schaffte es, im Gegensatz zu seinem Kollegen. Der erste Gleiter kam aus einem hohen Steilflug mitten in das Feld der *Irish Missed* geschossen. Er begann wild zu schaukeln, gefangen in der Trennschicht zwischen Antriebsfeld der *Missed* und Magnetfeld des Planeten. Er geriet ins Trudeln und schmierte ab. Eine kleine Stichflamme stieg aus den Dünen auf, während der Frachter höherkletterte. Der zweite Gleiter machte sich halbherzig an die Verfolgung, aber der Abstand war bereits hoffnungslos.

Callahan, Blackstone und Shasti standen zusammengedrängt im Kontrollraum der *Missed.*

»Haben wir sie geschafft?« fragte Moses.

»Die Schlitten schon.«

»Gibt es sonst noch Schiffe auf dem Planeten?«

»Nur die *Abilene*«, erklärte Shasti.

»Die ist veraltet. Also *haben* wir sie geschafft.«

Die *Missed* erhob sich über die Planetenkrümmung. Der Atomantrieb begann mit blassen Flammen zu züngeln, und Trollshulm blieb zurück.

Zwei Stunden später entdeckten Moses und Chavez, daß Shasti im Frachtraum stand und die gebündelten Häute anstarrte. Fünfzigtausend Konföderations-Credits, mehr als genug, um für die *Missed* an ihrem nächsten Ziel eine Kaution zu stellen, mehr als genug, um die Passage zu jeder Welt ihrer Wahl zu bezahlen – und übrig blieb sicher ein Rest, der ihnen über die Anfangszeit hinweghalf.

Dennoch runzelte sie die Stirn. »Eli Santer hat auf Trollshulm mehr als dreihundert Häute gelagert«, meinte sie.

»Nun, die hier sind ihm jedenfalls entgangen.«

»Und? Glaubt ihr im Ernst, daß so ein kleiner Posten Eli Santer weh tut? Zehn Häute, die er ohnehin nie gesehen hat? Treffen wir ihn damit, Chavez?«

»In seinem Stolz.«

»Vom Stolz kann man nicht runterbeißen. Im Gegenteil, es läßt sich ganz gut ohne leben.«

»Was schlagen Sie vor?« fragte Moses.

»Daß wir den Plan durchführen, den wir von Anfang an im Auge hatten: Eli Santer da verletzen, wo es richtig weh tut.«

»Wie stellst du dir das konkret vor?« wollte Chavez wissen.

»Zehn Häute sind fünfzigtausend Credits wert. Was sind hundert, zweihundert oder gar dreihundert Häute wert?«

»Ich weiß nicht recht«, meinte Moses Callahan. »Ich empfinde keinen persönlichen Haß gegen Eli Santer –«

Shasti schaute ihn an, als wollte sie ihn unterbrechen.

»– mich stört nur, daß er einen wehrlosen Freund ausnützte. Ich muß jetzt erst unsere Position prüfen und nachrechnen, ob wir noch rechtzeitig an die *Natchez* andocken können.« Er wandte sich ab und ließ die beiden allein. Nach einer Weile, als sie in ihre Kabinen zurückgekehrt waren, hörten sie, wie das Summen des Antriebs höher und schriller wurde. Eine sanfte Hand preßte sie in ihre Liegen.

Santers Schreibtisch versuchte ihn umzubringen.

Die Platte löste sich von den Stützen und wirbelte wild umher. Eine Ecke traf Eli Santer an der Schulter und schleuderte ihn gegen die Wand. Dann krachte das Ding in die gegenüberliegende Wand und verhakte sich dort.

Er rappelte sich hoch und stolperte zur Tür, die aufsprang, noch ehe er die Klinke berührte.

Als er ins Freie kam, hatte er das Schlimmste bereits versäumt. Sämtliche auf der Straße befindlichen Gegenstände, die auch nur eine Spur Eisen enthielten, waren verschwunden: Traktoren, Gleiter, Werkzeug – alles umhergewirbelt und fortgeblasen vom Magnetfeld des riesigen Schiffes, das ganz niedrig über dem Stützpunkt hing. Ein Traktor hatte die Vorderfront der Zahlstelle eingedrückt. Die Wände des Gleiter-Hangars waren in eine wirre Masse von Scharnieren und Blech verwandelt, die barmherzig das

Chaos im Innern zudeckte. Menschen liefen in allen Richtungen davon, um dem Metallkoloß zu entrinnen, der dem Lagerhaus entgegenschwebte – *dem Lagerhaus*. Mehr als das sah Santer nicht. Er rannte aus dem Stützpunkt, der einsamen Nadel der *Abilene* entgegen, die etwa eine Meile entfernt in ihrer Parkbucht aufragte.

Die Straße war frei, als sich die Luke in der Flanke der *Irish Missed* öffnete und Chavez und Shasti per Seilwinde zu Boden gelassen wurden, zusammen mit einem Bündel Laderosten aus Alugitter. Chavez machte sich rasch daran, die Roste auszubreiten, während Shasti ins Lagerhaus lief. Wie sie gehofft hatte, war es verlassen. Das Mädchen schleppte bereits die ersten Häute herbei, als Chavez einen Rost am Seilhaken befestigte. Sie arbeiteten schnell, aber der Laderost nahm nur zwanzig Häute auf einmal auf. Mehrere Bergungsaktionen waren nötig. Die Häute wogen schwer, aber Chavez hatte Kraft, und Shasti arbeitete mit dem Eifer des Hasses. Die Stapel wuchsen an.

Als die Stützpunktbewohner merkten, daß die *Missed* gar nicht abstürzte, kehrten sie zurück. Viele von ihnen sahen die Aktivität am Lagerhaus und stürmten los, um ihre einzige Lebensgrundlage zu verteidigen. Sie waren unbewaffnet, aber zahlreich.

Ein scharlachroter Blitz streifte ein Bauwerk links von der anstürmenden Meute und legte sich quer über die Straße. Maureen O'Shaunessy stand in der Eingangsschleuse der *Missed,* einen Schweiß-Laser auf Parallelstrahl eingestellt. Er hätte sicher keinen allzu großen Schaden angerichtet, aber der versengte Strich an der Hauswand und der bedrohliche schwarze Streifen auf der Straße deuteten das Gegenteil an.

Chavez und Shasti hatten die vierte Ladung verstaut, als die *Missed* zu schwanken begann und sie beide um ein Haar vom Laderost gestürzt wären. Sie klammerten sich mit aller Kraft fest, während das Schiff heftiger schaukelte. Ihre Gesichter wirkten blaß, als sie endlich den Einstieg erreichten.

Die *I.F. Abilene* schwebte über der *Irish Missed*. Die Felder griffen ineinander, als Santers Frachter versuchte, die *Missed* fort vom Stützpunkt und in die Tiefe zu drängen – doch da trat Deke Hallorhan in Aktion.

Im Normalfall war es eine eher langweilige Sache, einen interplanetarischen Frachter zu steuern. Es gab im Raum weder Strömungen noch Stürme. Das Magnetfeld einer Welt ließ sich vorausberechnen und lässig bewältigen. Deke war fast froh um die Herausforderung. Seine Hände flogen über das Schaltpult und glichen den Aufwärtsschub der *Missed* gegen den nach unten gerichteten Druck der *Abilene* aus. Die *Missed* bockte, schwankte, hing wieder ruhig in der Atmosphäre. Stillstand. Nicht gut genug für Deke Hallorhan. Er liebte die Kreativität. Seine Hände tanzten von neuem über die Tasten.

Die *Missed* drehte sich, schien beinahe um das eigene Heck zu kreiseln. Dann schraubte sie sich höher und höher und in einem scharfen Winkel nach außen, und ehe der Gegner diese Bewegung richtig interpretierte, war sie unter der *Abilene* hervorgeschossen und kehrte den Vektor um. Die *Abilene* fand kaum Zeit, das eigene Sinkmanöver unter Kontrolle zu bringen, und sie fand keine Zeit, auf die neue Attacke zu reagieren. Die *Irish Missed* zwang die Angreiferin zu Boden, die mit einem harten, donnernden Schlag direkt auf dem Lagerhaus landete. Da lag das große Schiff nun zwischen den Ruinen, das Rahmenwerk unrettbar verzogen und gebrochen.

Die *Missed* schwebte einen Moment lang über den Trümmern, dann stach sie hoch in den kobaltblauen Himmel von Trollshulm.

Eli Santer stand da und starrte das Wrack an. Aller Zorn, alle Gedanken waren von ihm gewichen. Man hatte nach der Katastrophe nichts verändert, nicht einmal versucht, das Chaos zu beseitigen. Selbst wenn sie es gewollt hätten, viel konnten die zehn oder zwölf Mann im Stützpunkt nicht machen. Der einzige Grund, weshalb sie noch herumstanden, war der, daß sie einfach nicht wußten, wohin.

Es war aus, und Eli Santer wußte es. Wie viele Häute – wenn überhaupt welche – man unter den Trümmern der zerstörten *Abilene* hervorziehen konnte, war unwichtig. Nach dem Verlust des Schiffes, des Stützpunkts und der Ausrüstung war er so gut wie bankrott. Er hätte vielleicht weitermachen können – mit Willenskraft und Waffengewalt. Aber seine Kopfjäger waren nach der Belagerung von Blackstones Camp über die ganze Wüste verstreut, und sein größter Trumpf, Vorräte plus straffe Organisation, zog nicht mehr. Er hatte im Moment keinen Griff über die Drachenhäuter, nicht den geringsten.

Ein Traktor rumpelte in das zerstörte Camp, ein ahnungsloser Drachenhäuter, der seine Beute abliefern wollte. Santer sah, wie beim Anblick der Verwüstung die Erkenntnis auf den Zügen des Mannes dämmerte. Er brachte nicht einmal die Energie auf, Haß zu fühlen, als er das Mikrofon packte und zu sprechen begann.

Vier Tage später passierten sie die Funkfeuer, welche die Grenzen des Hansen-Systems markierten. Vor ihnen glitzerte der Sternenfrachter *Natchez* wie ein Riesen-Stilett in der Dunkelheit. Sie hatten es geschafft. Es gab eine Regel im kolonisierten Raum: »Das Gesetz eines Systems endet an der Schleuse eines Sternenschiffs.« Ein Satz, der angesichts der gewaltigen Unterschiede im Kolonialrecht nur vernünftig war.

Sie beabsichtigten, die Häute direkt an die Schiffseigner zu verkaufen. Die *Natchez* hatte sicher keine Schwierigkeiten, die Häute auf der Erde loszuschlagen; alle Sternenschiffe waren *de facto* exterritorial und konnten auf keinem Planeten von Gerichten oder Steuerbehörden belangt werden. Demnach hatten sie Eli Santer um dreiundneunzig erstklassige Häute geprellt, ihm ein Schiff zerstört und ihm vermutlich obendrein auf der Erde den Absatzmarkt kaputtgemacht, wenn ihre Häute billiger angeboten wurden als seine. Das tat ihm weh, ganz bestimmt.

»Alles klar, Käptn«, verkündete Deke Hallorhan. »Die nehmen uns mit – Einheitsgebühr für das ganze Schiff. Wir sollen am Heck gleich hinter Luke Vier eindocken.«

Auf ihren Bildschirmen sahen sie, wie sich ein winziger Punkt von der *Natchez* löste und auf sie zukam. Allmählich wurde das Ding größer und blockiger – ein gedrungener, sehr funktionell wirkender Antigrav-Frachter, der an Bord des Sternenschiffs aufgebrochen war zu den fetten Weidegründen der Grenzwelten.

»*Irish Missed, Irish Missed,* hier Antigrav-Frachter *Cumulus* von Caledonia Nova. Gibt es in diesem System bereits Antigrav-Verkehr?«

»*Irish Missed* an *Cumulus*. Ein einziges Schiff bis jetzt. Machen Sie ihm Konkurrenz! Die Kaufleute werden begeistert sein.«

»Danke.«

»Äh – und noch was, *Cumulus*«, fügte Moses hinzu. »Wenn ihr landet, grüßt Eli Santer von uns und richtet ihm unseren verbindlichen Dank aus. Ihr findet ihn sicher sofort.«

»Wird erledigt.«

»Danke.« Moses unterbrach den Kontakt. »Bloß weil sie die Zukunft bringen, muß man ihnen den Siegeszug nicht unbedingt erleichtern.«

»Was wirst du mit deinem Anteil anfangen, Käptn?« fragte Chavez.

»Oh, sechsundvierzig Häute sind ein dickes Polster, schätze ich. Da kann ich mir in aller Ruhe einen Platz suchen, wo die *Missed* noch nicht zum Alteisen gehört. Und du?«

»Ich habe erst mal vom rauhen Grenzleben die Nase voll. Vielleicht finde ich einen friedlichen Hafen – so was wie die Erde.«

»Zurück zu Seiner Exzellenz samt Nichte?«

»Bis ich dort lande, gibt es die beiden längst nicht mehr.«

»Schade.«

»Wieso? Er war ein fieser Typ.«

»Ich meine, schade, daß du auf die Erde zurück willst. Das bedeutet, daß ich mir einen anderen Mann suchen muß.«

»Wofür?«

»Als planetarischen Kontaktmann oder wie man es sonst nennen will. Jemand, der die Interessen der *Missed* an Land vertritt. Ist aber nicht tragisch. Ich finde sicher einen anderen.«

»Ich bin nicht gerade ein gewiefter Geschäftsmann, Käptn.«

»Nein, aber du besitzt eine gewisse Flexibilität in deinen Ansichten...«

»Vor vier Tagen war ich noch ein Krimineller.«

»Genau meine Rede. Nur ein Krimineller wird mit diesen brutalen Kolonialtypen fertig.«

»Na schön – überrumpelt. Aber ich werde jemanden brauchen, der das Management übernimmt...«

»Dachte ich mir schon. Miß Keane, Sie suchen nicht zufällig einen neuen Job?«

»Also, das trifft sich ausgezeichnet. Ich habe erst kürzlich gekündigt. Und ich besitze langjährige Erfahrung in Verwaltungsdingen...«

»Eingestellt. Willkommen an Bord, ihr beiden.«

Die *Natchez* glitzerte im Sternenlicht wie ein Stapel Silbermünzen, der nur darauf wartete, daß man ihn in die Tasche schob. Die *Missed* dockte vorsichtig an.

Aus dem Amerikanischen übersetzt von Birgit Reß-Bohusch

Joanne Mitchell

Antiquitäten

»Sind Sie die Dame, die ein Schloß zu verkaufen hat?« fragte er, als sie auf sein Klopfen öffnete.

Fiona schaute den Fremden scharf an, während sie versuchte, seinen merkwürdigen Akzent einzuordnen. Er war hochgewachsen und in einen weitschwingenden schillernden Umhang gehüllt, aber in den braunen Augen, die auf sie herabblickten, lag ein freundlicher Ausdruck. Ihre starren grauen Löckchen wippten, als sie nickte. »Ja, ich bin Fiona McDonald. Und Sie müssen Mister Merdok sein. Ich habe Sie erwartet. Würden Sie bitte hereinkommen?«

Sie ging voraus in das kleine Wohnzimmer ihrer Kate. Ein Torffeuer glomm im Kamin. »Ich wollte eben Tee trinken. Darf ich Sie zu einer Tasse einladen?«

»Gern, vielen Dank.« Merdok sog den Rauch ein und strich neugierig über den Chintzbezug des Lehnstuhls. Dann wandte sich seine Aufmerksamkeit dem Gemälde über dem Kamin zu. Trotz der vergilbten, mit Sprüngen durchzogenen Oberfläche sah man, daß es sich um das martialische Bildnis eines Mannes handelte. Er stand mit gezücktem Schwert neben einem schwarzen Roß. »Erstaunlich«, murmelte er.

»Ein Stück Zucker oder zwei?« fragte sie, während sie Tee in eine hauchzarte Tasse goß.

»Äh – eines vielleicht. Ich kenne dieses Getränk nicht.« Er lachte, als er ihren verwunderten Blick bemerkte.

»Sie kennen keinen Tee? Was, in aller Welt, trinken Sie?«

»Nichts von dieser Welt jedenfalls. Das ist es ja gerade. Deshalb bin ich hier.«

»Ja, richtig. Sie kommen von Hardluck, wenn ich recht verstanden habe.«

Er nahm einen Schluck Tee, schnitt eine Grimasse und setzte die Tasse rasch ab. »Genau. Das liegt etwa hundert Lichtjahre von der Erde entfernt – heutzutage eine Reise von knapp sechs Monaten.«

»Ich habe von Hardluck gehört.«

Jeder hatte von Hardluck gehört, der Grenzkolonie, die sich aus harten Pionieranfängen zu einer der reichsten Welten der Galaxis entwickelt hatte, als man jene sagenhaften Vorkommen an M'rith-Steinen entdeckte. Jetzt, fünfzig Jahre später, wurde Hardlucks Reichtum nur von wenigen bewohnten Planeten übertrumpft – Aurelia zum Beispiel, mit seinen kostbaren Attona-Wäldern, oder Ruhalla, das ein Monopol zur Tridenner-Produktion besaß.

»Das Gemälde scheint Sie zu fesseln, Mister Merdok.«

Merdok zuckte zusammen, als ihre ruhige Stimme seine Gedanken unterbrach. »Ja – äh – Sie haben recht«, sagte er. »War der Mann einer Ihrer Vorfahren?«

»Das hier ist ein Abbild von Robert McDonald, meinem Urahn – wie viele ›ur‹ genau, kann ich nicht sagen. Er war ein berühmter Schwertkämpfer und Heeresführer. 1745 starb er an der Seite unseres Bonnie Prince Charlie.«

Merdok atmete tief durch. »So geschichtsträchtig! Zu wissen, was die längst verstorbenen Vorfahren für ein Schicksal hatten, ein enges Band zur Vergangenheit...« Er verstummte.

Fiona brach das Schweigen. Sie erhob sich und glättete den Rock ihres groben braunen Tweedkostüms. »Möchten Sie das Schloß jetzt besichtigen? Das heißt – haben Sie vielleicht besseres Schuhwerk?« Sie warf einen zweifelnden Blick auf seine kunstvoll bestickten Slipper und verglich sie mit ihren eigenen festen Sportschuhen.

»Es macht nichts, wenn sie beschädigt werden. Ich habe mehrere Paare mit«, entgegnete er und folgte ihr zur Tür.

Das Schloß ragte von einer Hügelkuppe auf, welche die Gegend beherrschte. Auf einer Seite reichte es an den Rand einer Klippe, die steil bis zu einem Fluß abfiel. Das Wasser schäumte und brodelte über die Felsen.

»Eine herrliche Lage!« schwärmte Merdok, als sie sich den Pfad hinaufarbeiteten.

»Sie sehen selbst, von dort oben läßt sich das ganze Tal überwachen. Meine Familie wurde gegen 1570 hier seßhaft. Von da an lenkte sie die Geschicke der Dörfler ringsum und kümmerte sich um das Gemeinwohl.« Sie hob den Kopf in einer unbewußt stolzen Gebärde.

»Und Sie – verzeihen Sie – sind die Letzte Ihres Geschlechts?«

»Mein einziger Bruder starb mit vierzehn. Ich selbst habe nie geheiratet. Und wie Sie sehen, ist es jetzt zu spät für mich, an Kinder zu denken.«

Sie traten unter dem Fallgatter durch. Merdok blieb am Eingang des Großen Hofes stehen und schaute sich um. Er strich ehrfürchtig über die moosbedeckte Mauer. »So alt!«

Sie zupfte ihn am Ärmel, um seine Aufmerksamkeit zu wecken. »Der Rundturm auf der anderen Seite des Weges ist der Bergfried. Hier konnte man bei einer Belagerung bis zuletzt ausharren. Sogar ein Brunnen befindet sich in seinem Innern, so daß es schwerfiel, die Eingeschlossenen zur Aufgabe zu bewegen.«

»Sehr eindrucksvoll.« Er lehnte sich vertraulich zu ihr herüber. »Miß McDonald, ich muß gestehen, daß Ihr Schloß nicht meine erste Wahl war. Ich kam auf die Erde in der Hoffnung, den Tower von London zu erwerben.«

»Den Tower von London? Ist der denn verkäuflich?«

»Nun, die Außenhandelsbilanz der Erde sieht so mager aus, daß...« Er zuckte mit den Schultern, als täten ihm seine Worte leid. »Jedenfalls überbot mich eine Delegation von Ruhalla dermaßen, daß ich gezwungen war, mich nach anderen Objekten umzusehen. Aber nun, da ich Ihr Schloß entdeckt habe, bin ich froh darüber. Es wirkt um vieles anheimelnder als der Tower von London.«

»Tja, anheimelnd ist der Tower nun wirklich nicht«, meinte sie trocken. »Aber kommen Sie und werfen Sie einen Blick auf den Wohntrakt.«

Im Großen Bankettsaal wartete sie, bis er das Mauerwerk des riesigen Kamins in allen Einzelheiten studiert hatte. Dann führte sie ihn rasch durch die Küchen und Schlafzimmer.

Ein Sonnenstrahl, der durch einen der hohen Fensterschlitze hereinfiel, umspielte Merdok. »Und wie lange stehen diese Räume jetzt leer?«

Fiona breitete in einer hilflosen Geste die Hände aus. »Offengestanden, Mister Merdok, der Unterhalt für dieses Schloß übersteigt bei weitem meine Finanzen. Man müßte eine Menge renovieren, ehe man darin wieder wohnen könnte.«

»Ich denke, es läßt sich zu einem behaglichen Wohnsitz ausbauen. Sicher, da sind Energiepaneele für Klima- und Lichtanlagen anzubringen, und Wasser fehlt auch noch. Aber ich glaube, das Leben hier wird mir gefallen.«

Sie war verwirrt, und einen Moment lang verlor sie ihren gelassenen Gesichtsausdruck. »Sie haben die Absicht, *hier* zu leben?«

»Aber nein, nicht *hier*, versteht sich. Was täte ich auf einem so abgelegenen Planeten? Meine Geschäfte erfordern es, daß ich mich nahe den Haupthandelszentren der Galaxis niederlasse. Aber ich würde gern in diesem Schloß leben.«

Ihre Verwirrung schien jetzt vollkommen. »Ich verstehe nicht...«

Merdok lächelte. »Es ist ganz einfach. Ich kaufe Ihnen das Schloß ab. Sagen wir – für fünftausend Universal-Credits. Das dürfte ein fairer Preis sein, oder?« Auf ihr schwaches Nicken hin fuhr er fort: »Ein Arbeitstrupp nimmt das Bauwerk auseinander, numeriert sorgfältig jedes Teil, verschifft alles nach Hardluck und setzt es dort wieder zusammen.«

»Sie wollen das ganze Schloß verpflanzen?«

»Genau.« Er trat neben sie und nahm tröstend ihre Hand. »Meine liebe Miß McDonald, ich weiß, es muß schlimm für Sie sein. Das Erbe der Väter zu verkaufen, die Mauern, in denen Ihre Familie ganze Zeitalter hindurch Schutz und Flucht gefunden hat – das ist gewiß keine leichte Entscheidung. Ich kann Ihnen nur versprechen, daß wir Ihr Schloß als das Kleinod behandeln werden, das es ist. Viele von Hardlucks ersten Siedlern stammen aus Schottland, wie Sie vielleicht wissen.« Er zögerte und blickte dann verlegen zur Seite. »Mein eigener Großvater, den ich nie kennenlernte, könnte aus dieser Gegend gekommen sein. Ich versichere Ihnen, daß ich mich um dieses Schloß kümmern werde, als sei es mein eigener Ahnsitz.«

»Davon bin ich überzeugt, bei all der Mühe, die Sie sich mit dem Transport des alten Gemäuers machen.« Sie löste ihre Hand sanft aus seinem Griff. »Mister Merdok, es wird spät. Gehen wir zurück in meine Kate.«

Er schlenderte neben ihr her. »Da ist noch etwas. Dieses Bildnis von Robert McDonald. Ich würde es gern an den Platz hängen, der ihm gebührt – in den Großen Saal. Würden Sie es mir für tausend Credits überlassen?«

Sie schluckte. »Mister Merdok, soviel ist es einfach nicht wert. Ein völlig unbekannter Künstler hat es gemalt.«

»Doch, ich bestehe auf dem Preis. Es ist nur ein kleiner Ausgleich für den Schmerz, den es Ihnen bereiten muß, sich von Dingen zu trennen, die seit Jahrhunderten im Besitz der Familie sind.«

»Sie zeigen so – großes Verständnis. Also gut, ich nehme Ihr Angebot an. Das Geld wird mich in die Lage versetzen, die Arbeitslosen hier in der Gegend zu unterstützen.«

Er klopfte ihr anerkennend auf die Schulter. »Der Geist der Tradition stirbt nicht so rasch. Sie fühlen sich also immer noch verantwortlich für die Bewohner dieses Tales? Ich werde mir Mühe geben, Ihr Beispiel auf Hardluck nachzuahmen.«

Während er sie die letzte Treppe hinunterführte, blieb er einen Moment lang stehen und betrachtete sinnend die ausgetretenen Steinstufen. »Hier sind die Spuren von Generationen verewigt. Welch ein Bezug zur Vergangenheit! Verzeihen Sie, Miß McDonald, ich kann nicht anders, ich muß meiner Freude über diesen Glückskauf Ausdruck verleihen. Und im Vertrauen, morgen fliege ich nach Paris, um eines der größten Kunstwerke in der Geschichte der Menschheit zu erstehen. Einen Rembrandt! Er soll in Ihrem Schloß hängen, zur Erinnerung an das große Kulturerbe der Menschen.«

Sie schloß einen Moment lang die Augen und sagte dann: »Mister Merdok, würden Sie mich jetzt bitte entschuldigen? Ich fühle mich ein wenig erschöpft und möchte allein sein.«

»Gewiß, gewiß. Ich kann Ihren Schmerz nur zu gut verstehen. Unsere Anwälte werden den Kaufvertrag unterzeichnen. Leben Sie wohl, meine tapfere Miß McDonald. Ihr Opfer wird in die Legenden von Hardluck eingehen.«

Nachdem er fort war, kehrte Fiona zurück in ihre Kate. Sie stützte die Ellbogen auf den Kaminsims und starrte Robert McDonald an. »Ich weiß genau, was du denkst«, erklärte sie dem kühnen Reiter.

»Du findest diese Sache nicht gerade ruhmvoll. Nun, als du der Familienvorstand warst, hast du auch getan, was du für richtig fandest. Und ein schöner Schlamassel blieb zurück, als du das Leben für deine Ideale aufgabst. Ich tue heute, was ich für das Wohl der Gemeinde als nötig erachte – das ist alles. Und – ich habe mit keiner Silbe gelogen.«

Ein Klopfen an der Tür ließ sie herumwirbeln. Sie entspannte sich, als sie das Gesicht eines alten Freundes sah. »Ian! Wie schön, daß Sie vorbeischauen! Sie können die Kunde gleich im Dorf verbreiten. Es wird heuer wieder Arbeit für alle geben. Janet kann ein neues Bild von Robert McDonald malen, und wir machen den stillgelegten Steinbruch auf.«

Er strahlte sie an. »Das ist ja wirklich eine gute Nachricht. Was meinen Sie, Miß McDonald, sollen wir diesmal zur Abwechslung eine kleine Kapelle mit anbauen?«

Aus dem Amerikanischen übersetzt von Birgit Reß-Bohusch

Barry B. Longyear

Projekt Angst

Die gefährlichsten Planeten sind, das versteht sich, jene, die am vertrauenswürdigsten aussehen. Manchmal gilt das auch für Menschen; manchmal – nicht immer.

Das Blut strömt über mein Gesicht, tropft von meinen Händen wie scharlachrote Farbe. »Das alles ist nicht wahr!« Weshalb kann ich meine Stimme nicht hören? Diese dunklen, krummen Bäume, dieser lodernde Himmel – wo ist der liebliche Planet? »Ist noch jemand am Leben?«

Arangos zerknitterte Uniform liegt gegen einen schleimigen Felsen gelehnt; darüber grinst sein Schädel, während ein fingerdicker Wurm in eine leere Augenhöhle kriecht und sich aus der anderen herauswindet.

Das, was von Parks übriggeblieben war, lag über dem schwammigen Boden verstreut. Die Würmer hatten sich an ihm sattgefressen, während er noch lebte. Danach hatten sie mit ihm ihr Spiel getrieben, ihn zerfleischt, bis er starb. Dann war ihr Interesse erloschen.

Jerzi Nivin saß da und sah zu, wie sich seine Beine auflösten. »Die Realität!« brüllte ich. »Ich will die Realität!«

»Dean!« Ein gellender Schrei. Ich drehte mich um und wischte das Blut von meinen Augen. Miklynn stand vor mir. Er rang die Hände, und Tränen liefen über seine Wangen. »Dean, um Himmels willen! Mach dem Wahnsinn ein Ende!«

»Nein!« Ich torkelte zum Teich und blieb an seinem Rand stehen. Die Wasseroberfläche verschwamm vor meinen Augen, als ich mich auf das konzentrierte, was sein mußte.

Ich drehte die Zeit zurück, fluchend, hoffend, betend. Miklynn… Muß nachdenken. Muß mich auf Miklynn… konzentrieren… auf Miklynn…

Der erste Eindruck, den ich von Miklynn – dem legendären Red Miklynn – hatte, war der eines lebenden Fossils aus der Steinzeit, dem Lendenschurz und Keule besser gepaßt hätten als die grüne Uniform des Terraform-Corps mit den Gruppenführerstreifen.

Wir befanden uns im Büro des Kommandeurs der Terraform-Akademie. Während Kommandeur Savarat finsteren Blicks einen Stapel Papiere auf seinem Schreibtisch anstarrte, saß ich unruhig auf meinem Stuhl und fragte mich, weshalb der Kommandeur mich hatte rufen lassen. Miklynn lag hingeflegelt in einem anderen Stuhl, die Füße überkreuzt; er kaute an einem kalten Zigarrenstummel und reinigte seine Fingernägel mit der Fünfzehnzentimeterklinge eines Klappmessers.

Kommandeur Savarats Blick hob sich in Miklynns Richtung, durchbohrte ihn kurz und kehrte zu den Papieren zurück. Miklynn hatte nicht von seinen Nägeln aufgesehen, dennoch feixte er rund um seinen Zigarrenstummel. »Wird's noch lange dauern, Savarat?«

Er nannte ihn ›Savarat‹. Nicht ›Kommandeur‹, nicht ›Sir‹, einfach ›Savarat‹. Die Wangenmuskeln des Kommandeurs zuckten. Er holte zweimal tief Atem, dann wandte er sich an mich, als ob er damit einer direkten Antwort an Miklynn entgehen konnte. »Mister Dean, Mister Lua vom arapethischen Außenamt muß jeden Moment kommen.«

Ich öffnete meinen Mund, um zu antworten, aber Miklynn klappte sein Messer zusammen, steckte es in den Ärmel und grinste den Kommandeur an. »Ich hab's nicht eilig. Möchte es nur wissen.« Er drehte seinen kurzgeschorenen Kugelkopf in meine Richtung. »Im wievielten Jahr bist du, Junge?«

Ich sah den Kommandeur an, dann wandte ich mich an Miklynn. »Ich stehe vor dem Abschluß.«

»Studienrichtung?«

»Extraterrestrische Psychologie.«

Miklynn nickte und fixierte mich mit den hellsten blauen Augen, die ich jemals gesehen hatte. Es fiel mir auf, daß seine Wimpern weiß waren. »Du bist aber weder ein Warmer noch ein Christer, oder?«

Mein Unterkiefer fiel herab. Ich sah den Kommandeur an, der sein Gesicht tief in seine Papiere vergraben hatte. Ich richtete meinen Blick wieder auf Miklynn. Hinter ihm, an der Wand, hing eine zwei Meter hohe Urkunde, welche die immerwährende Würde des Terraform-Corps proklamierte. Und hier saß dieses bierbäuchige Schwein und fragte mich, ob ich ein Homo oder ein religiöser Eiferer sei.

Mein Mund stand immer noch offen, als sich die Tür hinter uns öffnete. Ich drehte mich um. Ein gedrungenes Wesen trat ein, eineinhalb Meter groß und völlig bedeckt mit langem, hellem Haar. »Kommandeur Savarat, Ihr Adjutant hat mir erlaubt, gleich einzutreten.«

Der Kommandeur und ich erhoben uns. Miklynn wandte sich um und musterte das Geschöpf mit milder Verachtung.

»Mister Lua. Schön, daß Sie gekommen sind.« Der Kommandeur streckte seine Hand in meine Richtung. »Kevin Dean, ein Student hier an der Akademie.« Er wies auf Miklynn. »Und das ist Gruppenführer...«

Miklynn hob abwehrend die Hand. »Unnötig, uns vorzustellen, Savarat. Lua und ich sind alte Freunde.« Miklynn ließ die Hand fallen und spuckte einen Mundvoll Tabak auf den fleckenlosen Boden des Kommandeurs. »Wie steht's, Lua?«

Das Geschöpf warf den dichten Haarvorhang zur Seite und entblößte ein rötliches Gesicht mit starren, schwarzen Augen. Es wandte sich an den Kommandeur. »Ich habe einem Einsatz von Gruppenführer Miklynn zugestimmt, Kommandeur Savarat. Aber ich sehe keine Notwendigkeit, persönlich mit ihm zusammenzutreffen.«

Miklynn drehte sich zu mir und zog die Brauen hoch. »Verstehst du, mein Junge, nachdem ich die Drecksarbeit auf einem von Luas Planeten erledigt hatte, hat dieser Mop dem Corps erklärt, daß er mich nie wieder zu sehen wünsche.« Sein Blick traf Lua. »Er hat sogar meine Entlassung aus dem Corps verlangt. Und er hat sie auch erreicht.« Miklynn hob seine fleischige Pranke und putzte nicht vorhandenen Staub von seinen Gruppenführerstreifen.

Kommandeur Savarat räusperte sich. »Ich bin überzeugt davon, daß sich Ihr kleines ... Mißverständnis mit Mister Lua aufgeklärt hat?«

Miklynn ließ Lua nicht aus den Augen. »Na, sag's ihm, Mop. Hat sich unser kleines Mißverständnis aufgeklärt?«

Luas schwarze Augen blitzten. »Miklynn, es ist mir bewußt, daß ich im Augenblick auf Ihre außergewöhnlichen Fertigkeiten angewiesen bin. Aber eines Tages ...«

Der Kommandeur räusperte sich wieder. »Meine Herren, wollen wir uns nicht setzen?«

Mister Lua ging hinter mir vorbei zu einem Stuhl links vom Schreibtisch des Kommandeurs.

»Nun, meine Herren, ich muß um Vergebung bitten, wenn ich diese Verhandlungen mit einem gewissen Mangel an Erfahrung führe. Normalerweise ist das Marschall Deckers Aufgabengebiet, aber offensichtlich ...«

Miklynn lachte in sich hinein. »Offensichtlich hatte der Marschall anderweitige Verpflichtungen.«

Lua zog die Mundwinkel herab. »Sie wollen sagen, daß Decker Miklynns Anblick ebensowenig ertragen kann wie ich!«

Savarats Lippen zuckten, und sein Gesicht rötete sich. Er hüstelte, nahm einige Blätter vom Schreibtisch und reichte sie Lua. »Hier ist der Kontrakt. Lesen Sie ihn, bitte, und unterzeichnen Sie.«

Lua streckte haarige Klauen aus, nahm die Papiere und begann den Text zu lesen. Miklynn hielt dem Kommandeur seine offene Hand hin. Savarat zog die Brauen hoch. »Was wollen Sie, Miklynn?«

Miklynn grinste. »Den Kontrakt. Ich möchte eine Kopie sehen.«

»Sie sind ein Angestellter, Miklynn. Der arapethische Staatsrat, den Mister Lua vertritt, hat den Kontrakt mit dem Corps abgeschlossen, nicht mit Ihnen.«

Red Miklynns Hand blieb, wo sie war. »Dank meinem Freund Lua – und einigen Schreibtischhelden aus dem Corps – ist viel Zeit vergangen, seit ich zum letztenmal einen Terraform-Kontrakt in der Hand hatte.« Er schnippte ungeduldig mit den Fingern.

Savarat trommelte unentschlossen auf einem Stoß Papieren

herum, dann schnappte er die Kopie des Kontraktes und gab sie Miklynn, der sich unverzüglich darin vertiefte.

Ich wandte mich an den Kommandeur. »Sir...«

»Was ist?!« Savarats Züge wurden noch röter. »Entschuldigen Sie, Dean. Was wollten Sie sagen?«

Ich schluckte hart. »Sir... weshalb bin ich hier?«

Der Kommandeur ließ sich zurücksinken. »Spezialisten für Extraterrestrische Psychologie sind dünn gesät und... Miklynn hat für den D'Maan-Job von der Akademie einen angefordert. Wenn Sie und Miklynn miteinander auskommen können«, er schnaubte mißbilligend – »wird die Akademie die Verleihung Ihres Abschlußdiploms vorverlegen.«

Ich betrachtete Miklynn. Der Fettsack hatte offensichtlich eine Stelle des Kontraktes erreicht, die ihm nicht recht gefallen wollte. Sein Blick streifte Lua und blieb am Kommandeur hängen. »Weshalb macht das Expeditionsteam nicht auch die Aufschließungsarbeiten?«

Lua gackerte. »Erinnern Sie sich, Miklynn, genau da haben letztesmal die Schwierigkeiten begonnen. Für diesen Kontrakt habe ich verlangt, daß Sie verschwinden, sobald die Situation auf D'Maan geklärt ist.«

Miklynn kratzte sich am Kopf. »Savarat, niemand ist besser qualifiziert für die Aufschließungsarbeiten als das erste Expeditionsteam. Sind Sie sicher, daß das Corps hier weiß, was es tut?«

Savarat nickte. »Das Corps wird keine Aufschließung auf D'Maan durchführen. Dafür wird der Staatsrat von Arapeth zuständig sein.«

Miklynn röhrte auf. »Dieser Mopverein?« Er holte tief Luft und schüttelte den Kopf. »Sie wissen ebensogut wie ich, daß die Aufschließung auf so einem feindseligen Steinbrocken zehnmal schlimmer sein kann als die Beseitigung der Hauptprobleme durch die erste Expedition.«

Savarat nahm das Trommeln wieder auf. »Das braucht nicht Ihre Sorge zu sein.«

Miklynn zuckte die Achseln, überflog die restlichen Seiten und schmiß den Kontrakt auf den Tisch des Kommandeurs. Er stand auf, packte mich an der Schulter und stellte mich auf die Füße. »Komm schon, Musterschüler! Hier braucht uns keiner, und es ist an der Zeit, daß wir beide einander kennenlernen.«

Ich hob den Blick von der Oberfläche des Teiches. Der Himmel war grau, das Feuer verloschen. Immer noch bedeckte Blut meine Hände. Arangos Skelett in der Uniform erwachte zu Leben, hob sich mühselig auf unsichere Füße und klapperte zum Teichrand, wo es neben mir stehenblieb. Der Wurm glitt aus der linken Augenhöhle des Schädels, schlängelte sich die Uniform hinab und verschwand im Wasser, ohne das geringste Kräuseln zu verursachen. »Das ist nicht die Wirklichkeit!« Von den Bergen kam das Echo meines Schreis zurück.

Das Skelett neben mir nickte. »Nein. Nicht die Wirklichkeit.«

Ich wandte mich vom Teich ab. »Parks! Sag es, Parks!« rief ich den blutigen Fetzen zu, die verstreut am Boden lagen.

Nichts regte sich, Parks...

Mein Blick kehrte zum Wasser zurück.

Als ich Miklynns massiger Gestalt durch das Verwaltungsgebäude folgte, war ich entschlossen auszusteigen. Ich wußte absolut nichts über den D'Maan-Job, außer daß Miklynn den Oberbefehl hatte. Das genügte.

Als wir ins Freie traten, löste sich eine lange dünne Gestalt von einer der strahlendweißen Säulen, die den Platz vor dem Verwaltungsgebäude säumten. Der Mann schlenderte herüber und blieb vor Miklynn stehen. Er trug die Streifen des Corpspersonals.

Miklynn schleuderte seinen Zigarrenstummel weg und deutete mit dem Daumen auf mich. »Parks, das ist der Musterschüler, den das Corps für die D'Maan-Expedition zur Verfügung gestellt hat. Als Lückenbüßer für den Psycho-Job.«

Der lange Kerl lächelte müde, aber freundlich, und nickte. »Und wie heißt du?«

»Dean.«

Miklynn faßte mich ins Auge. »Und jetzt möchte ich die Antwort auf meine Frage.«

Ich runzelte die Stirn. »Welche Frage?«

»Bist du ein Warmer oder ein Christer?«

Das Blut stieg mir ins Gesicht. »Das geht Sie wahrhaftig einen Dreck an!«

Miklynn stieß seinen Zeigefinger in meinen Brustkorb. »Es geht mich was an, Musterschüler. Nun gib eine Antwort oder hau ab.«

»Miklynn, ich gehe oder bleibe, wie es mir paßt!«

Seine winzigen Augen sahen mich durchdringend an. »Zieh Leine, Musterschüler! Ich kann dich nicht brauchen.«

Ich fühlte mich streitsüchtig. »Du bist nicht der Platzhirsch hier! Wenn ich gehen will, gehe ich. Im Moment will ich nicht!«

Miklynn bohrte mir noch mal den Finger in die Brust. »Reiz mich nicht, Musterschüler! Verschwinde.«

»Zum Teufel, Fettsteiß, nein!« Vielleicht ist der Wahnsinn in meiner Familie erblich. Jedenfalls holte ich aus und trieb meine Faust mit aller Kraft in Miklynns großen Bauch. Sie sank sechs Zentimeter ein und traf auf eine harte Muskelwand. Soweit ich mich erinnern kann, zuckte Miklynn mit keiner Wimper. Er nahm nur seine Faust in halbe Höhe und senkte sie in meine Magengrube.

Als sich die Schwaden wieder klärten, lag ich auf dem Rücken, die Arme um meine Mitte verkrampft.

Miklynn sagte zu Parks: »Endlich habe ich Arango gefunden. Ich muß ihn holen.«

»Wo war er? Im Knast?«

»Wo sonst?« Miklynn wandte sich zum Gehen.

Parks richtete einen dürren Finger auf mich. »Und was ist mit dem da?«

Miklynn blieb stehen, sah mich an und rieb sein Kinn. Er sprach über seine Schulter, während er weiterging. »Stell ihn ein, Parks. Genau das, was wir noch brauchen: ein Clown mit Selbstmordabsichten.«

Ich sehe sie... Ich sehe seine... seine Angst. Auch Miklynn kennt Angst. Ein Kind noch, arm, Vater arbeitslos, Mutter Säuferin, Bruder im Gefängnis. Alles Versager. Versagen... Miklynn – hier liegt seine Angst: zu versagen. In der Besserungsanstalt nimmt er es mit allen auf, mit größeren Jungen, stärkeren Jungen. Er bezwingt sie alle. Und der Gegner wird immer größer, die Herausforderung stärker, etwas zu beweisen – daß er kein Versager ist, daß er immer gewinnt. Er verliert keinen Kampf, dennoch hat er Angst zu versagen. Sieht er seine Seele in demselben Licht, wie ich sie sehe?

Tränen strömen über Miklynns Gesicht. Er streckt die Arme aus. »Aufhören! Hör auf!«

Ich wende den Blick ab, ducke mich vor den Flammen.

Parks ... seine Seele liegt offen vor mir auf dem Boden. Ein gottgefälliges Leben. Priesterweihe. Corpskaplan. Dann wirft er alles weg. Danach das Schuldgefühl. Herr, vergib den Schuldigen! Die Überzeugung, daß alles ... alles das hier der Lohn dafür ist. Die gerechte Strafe. Seine Angst ... daß er unrecht tat.

Ich fühle den heißen Atem des Himmels auf dem Gesicht. »Parks! Parks!«

Nachmittags, als ich meine Vorbereitungen getroffen und mein Diplom erhalten hatte, saß ich mit Parks auf einem Stapel Ausrüstung auf der Basis für den Neunten Quadranten, die direkt an den Akademiekomplex grenzte. Die Sonne von Masstone brutzelte alles rundum, mit Ausnahme von Parks, der die Hitze nicht wahrzunehmen schien. Er sah mich eine Weile nachdenklich an, ließ seinen Blick wandern und heftete ihn wieder auf mich. »Diese Sache mit den Warmen und den Christern ... er hat das nicht so gemeint.«

Ich lächelte spöttisch und verschränkte die Arme. »Mit anderen Worten, Miklynn ist im Grunde seiner Seele vorurteilslos und tolerant!«

Parks grinste breit und schüttelte den Kopf. »Nein. Nein, wirklich nicht. Miklynn ist der ärgste Spießer, den ich kenne. Aber das wirkt sich nicht negativ auf den Job aus. Und D'Maan ist ein besonders heikler Boden. Du wirst auch keine Frau im Team finden.«

Ich wiegte den Kopf. »Typen wie Miklynn sollte man im Zoo halten. Wo das Corps den nur ausgegraben hat ...«

Parks' Grinsen verschwand, und seine Brauen zogen sich zusammen. »Red Miklynn ist beim Terraform-Corps, seit es vor dreiundzwanzig Jahren gegründet wurde und noch unter Kontrolle der Vereinigten Staaten von Terra stand. Danach wurde das Corps dem

Neunten Quadranten eingegliedert.« Parks hob die Schultern. »Red hat es nicht leicht gehabt. Er ist ein Freigeist in einer Organisation, die auf Initiative allergisch reagiert.«

»Freigeist! Daß ich nicht lache!« sagte ich gereizt. »Was ist eigentlich an D'Maan so Außergewöhnliches, daß Miklynn seine Vorurteile derart wichtig nimmt?«

Parks nickte. »Ganz einfach. Er möchte, daß jeder von uns seinen Kopf bei der Sache hat, nirgends sonst. Es wird ein schwieriger Job. Red will nicht, daß es im Team Eifersüchteleien, Aberglaube oder andere Empfindungen gibt, die ausgenützt werden könnten. So jedenfalls habe ich es verstanden.«

»Ausgenützt – von wem?«

Parks schüttelte langsam den Kopf. »Das wissen wir noch nicht, Dean. Das Corps hat schon etliche Terraformungsaufträge für die Arapether erledigt und Eiswüsten und Flammenmeere in lebenswerte Welten verwandelt. Auf drei dieser Planeten hat Miklynn die Drecksarbeit getan. Aber sieh mal, D'Maan ist etwas ganz anderes. Die Orbitalbesichtigung hat nichts ergeben, was auf eine feindliche Umwelt deuten könnte. Schöne Meere, zahllose kristallklare Seen, dichte Wälder, fette Wiesen. Das Gelobte Land. Die Arapether haben mit unserer Hilfe acht Planeten in fünf verschiedenen Sonnensystemen besiedelt. Aber der Planet, der Arapeth am nächsten liegt, ist D'Maan, und es ist ihnen bisher nicht gelungen, dort auch nur ein Lager zu errichten.«

»Wo lag die Schwierigkeit?« warf ich ein.

Parks zuckte mit den Schultern. »Jede arapethische Expedition wurde kurz nach ihrer Landung ausgelöscht. Orbitalstationen meldeten einige Minuten Funkverbindung mit dem Boden, und dann nichts mehr. Schließlich haben sich die Arapether an das Corps gewandt. Das war vor zwei Jahren. Die Männer dieser Corps-Expedition blieben alle verschollen, bis auf einen. Als die Landefähre, die auf automatische Rückkehr programmiert war, die Orbitalstation wieder erreichte, fand die Crew der Station nur einen einzigen Überlebenden in der Fähre: den Gruppenführer der Expedition. Er lebte zwar, aber sein Verstand war beim Teufel. Dort ist er immer noch, nebenbei bemerkt.«

»Und warum jetzt Miklynn?«

»Er war der einzige, der den Job annahm.«

Am äußersten Rand der Basis fuhr ein Wagen auf die Rampe und steuerte in unsere Richtung. Als er näherkam, erkannte ich Miklynn hinter dem Windschutz und neben ihm ein Ungeheuer mit schwarzem, ausladendem Schnurrbart und bläulichen Dreitagestoppeln. Der Wagen hielt an. Miklynn streckte den Arm aus, öffnete den Wagenschlag für seinen Beifahrer und trat ihn aus dem Gefährt.

Der Mann stand auf der Betonpiste, hochgewachsen und massig, in schmuddeliges Zivil gekleidet. Ein Bündel segelte aus dem Wagen und landete zu seinen Füßen. Der Mann hob einen Arm, kniff ein Auge zu und zielte mit dem Zeigefinger in Miklynns Richtung. Gelächter barst aus dem Wagen. Miklynn zog eine Schleife und fuhr davon. Der Mann, den er ausgeladen hatte, bückte sich nach seinem Bündel, kam herüber und blieb vor Parks stehen.

»Weißt du schon von der Schnapsidee, Parks?«

Parks nickte. »Wie geht's denn so, Max?« Er deutete mit dem Kopf auf mich. »Das ist Kevin Dean. Dean, darf ich dir die Nummer Zwei des Teams vorstellen, Maximiliano Arango.«

Arango spuckte auf die Piste. »Wie kommt Miklynn auf den Gedanken, daß ich noch mal für ihn arbeiten will?«

Parks lächelte. »Er braucht dich. Sonst interessiert ihn nichts.«

»Dieser Hundesohn. Weil er sein großes Maul nicht halten kann, bekam ich vom Corps einen Tritt in den Hintern! Der Teufel soll mich holen...«

Parks deutete auf das Bündel. »Das wird er auch, wenn Miklynn zurückkommt, und du hast die Uniform noch nicht an.« Er zeigte auf eines der Gebäude. »Dort kannst du dich umziehen.«

Arango starrte Parks kurz an, dann schälte er sich aus seinen Lumpen und stand splitternackt auf der Piste. Er beugte sich über das Bündel und öffnete es langsam. Sorgsam breitete er seine Uniform aus und griff nach der Jacke. Sie trug brandneu glänzende grün-goldene Unterführerstreifen. Arango grinste Parks an. »Schau, schau. Der gute Onkel Red hat mir meine Streifen wieder verschafft.«

»Du weißt, Red liebt dich wie sein eigenes Kind.«

Arango schlüpfte in sein Unterzeug. »Ich liebe ihn auch, den großmäuligen Hundesohn.«

Alle, sie alle ... Arango, die Angst, die aus der Wut entspringt. Sohn einer mexikanischen Hure, braun und schmutzig, trifft seine Faust nicht ein einzigesmal den Planeten, von dem er fühlt, daß er in seiner Schuld steht: Terra.

Nivin, schmächtig, kraftlos, krank. Das Leben – ein Fluch für seinen Körper, seine Sinne.

Meine ... meine eigene Angst! Feuer, überall Feuer! Aber tief drinnen kriecht etwas ... Dunkles. Ich ... ich kann es sehen, auf den Knien neben Miklynn! Versagen? Ich selbst, neben Miklynn, meine Hände ringend? Ist das ... ist das auch meine Angst? Gelächter brandet an meine Ohren ...! Fauler, stinkender Atem. Bin das ich? Schreiend?

Nach Arango kam noch eine Reihe anderer Piratengestalten, allesamt Leihgaben der städtischen Haftanstalten, einer sogar aus Masstones einziger Klapsmühle. Jerzi Nivin, mit dem Sprung im Hirn, war der Spezialist des Teams für Fremdkommunikation.

Tashi Yamada, unser Ingenieur für Planung und Strategie, war völlig hinüber und stocksteif, als er in einer Dunstwolke von Glücksstaub abgeladen wurde, während vier Masstoner Polizisten – zusätzlich zu Miklynn – Mühe hatten, ein schwarzes Monster namens Mustafa Assir herbeizuschleppen. Es stellte sich heraus, daß Mustafa unser Wissenschaftler und Wetterspezialist war.

Die Crew der Landefähre bestand aus Fu-sheng Li, dem Piloten, Kopilot Elmer Boner und Felix Königsberg, dem Flugtechniker – alle drei aus dem Gefangenenhaus Neunter Quadrant stammend, wo sie wegen Schmuggels eingesessen hatten.

Aus den Gesprächsstücken, die an meine Ohren drangen, entnahm ich, daß alle von ihnen aus dem Corps entlassen worden waren, als Miklynn vier Jahre zuvor seine Meinungsverschiedenheiten mit Lua hatte. Seither hatten sie entweder in der Nähe der Basis herumgelungert und hatten versucht, einen zivilen Terraformungsjob zu ergattern, oder hatten sich auf die mannigfaltigsten privaten Zwielichtigkeiten eingelassen.

Bevor er den D'Maan-Auftrag vom Corps akzeptierte, hatte Miklynn darauf bestanden, daß sein altes Team mit den früheren Dienstgraden wieder eingesetzt wurde. Ich war nur deshalb sein Extraterrestrischer Psychologe, weil Miklynns früherer EP-Mann nicht mehr am Leben war.

Die Ausrüstung wurde in eine Raumfähre verladen und die Fähre an einen Frachter angedockt. Während der Reise nach Arapeth vertrieb ich mir die Zeit mit der Suche nach einer Antwort auf die Frage, wo ich eigentlich den Kardinalfehler gemacht hatte: Als ich dem Corps beigetreten war und mich auf die Akademie gemeldet hatte, hätte all meine Phantasie nicht ausgereicht, mir die erlesenen Gestalten vorzustellen, in deren Gesellschaft ich meinem ersten Einsatz entgegenflog.

Auf halbem Weg nach Arapeth wurden wir in den engen Aufenthaltsraum des Frachters beordert.

Miklynn zündete seinen kalten Zigarrenstummel an, blies eine blaue Rauchwolke in die Runde und betrachtete seine versammelte Crew. »Irgendwelche Fragen?«

Mustafa Assir hob seinen massigen schwarzen Schädel. »Ja, Miklynn. Ich möchte wissen, was uns davon abhält, dich in deine Bestandteile zu zerlegen?« Er öffnete und schloß seine gewaltigen Fäuste; es sah aus, als würde er Gußeisen kneten.

»Versuch es, und ich stopfe dir den Turban in den Hals.« Miklynns Blick schweifte über die anderen und kehrte zu Mustafa zurück. »Niemand hat von euch Affen verlangt, daß ihr euch stark macht für mich. Das war eure eigene Idee.«

Arango hielt Miklynn die Faust unter die Nase. »Wir haben schon das Richtige getan, Red. Wir haben nur nicht damit gerechnet, daß du dich beim Hearing vor der Kommission wie ein verdammter Idiot aufführen würdest!«

»Idiot?« Miklynn runzelte die Stirn. »Ich habe der Kommission nur klargelegt, was das Mopgesindel mit Lujocks Planeten alles anstellen könnte, wenn wir keine ordentliche Aufschließung machen. Und tatsächlich...«

Parks lachte. »Red, wir streiten uns nicht um Tatsachen; nur über die Art und Weise, wie du sie beim Hearing vorgebracht hast.« Er blickte von einem zum anderen. »Irre ich mich, oder nannte er die Mitglieder der Kommission ›schwachsinnige Narren‹?«

Jerzi Nivin nickte. »Und dann sagte er noch, sie könnten ihn alle am...«

»In Ordnung!« Miklynn brauste auf. »Ich habe euch wieder ins Corps gebracht! Was wollt ihr Jammergestalten noch?«

Arango blickte zur Decke. »Red, du schuldest mir und den anderen die Bezahlung für die letzten vier Jahre. Ich nehme nicht an, daß wir das Geld je zu Gesicht bekommen, also werde ich dir die Haut abziehen.«

Miklynn zog die Mundwinkel herab. »Du? Da mußt du aber eine Armee zu Hilfe holen!« Er nickte zufrieden. »Gut. Wie ich sehe, ist der alte Teamgeist wieder voll erwacht. Da kann ich euch in ein Geheimnis einweihen: Wenn wir den D'Maan-Job erledigt haben, bekommt ihr euer Geld für die letzten Jahre nachbezahlt. Das habe ich mit Decker vereinbart.« Miklynn langte hinter seinen Sitz und holte eine Rolle Papiere hervor, die an der Wand gelehnt hatte, und begann sie auf dem Boden auszubreiten. »Jetzt wißt ihr Schwachköpfe, daß ich für euch gesorgt habe, und wir können an die Arbeit gehen.« Er strich die Rolle mit der Hand aus. »Parks, stell einen Fuß auf diese Ecke.« Er sah den Techniker an. »Boner, halt hier fest.« Königsberg kniete nieder und hielt den Rest. »Felix, verdrück die Planpause nicht!«

Der große Bogen war eine Sinusprojektion des Planeten D'Maan. Auf den Landmassen der Karte waren neun schwarze und drei blaue Kreuze eingezeichnet. Mustafa Assir zeigte drauf. »Red, was sollen die Kreuze bedeuten?«

»An diesen Stellen sind die letzten neun Expeditionen gelandet. Acht davon arapethische, und dieses hier...«, er legte den Finger auf eines der Kreuze, »...war ein Versuch des Terraform-Corps.« Er wies auf die blauen Kreuze. »Das hier waren Robotereinsätze des Corps-Teams. Mit noch mieseren Ergebnissen als die bemannten Einsätze. Die Roboter wurden losgeschickt und verschwanden, ohne auch nur ein einziges Blip von sich zu geben.«

Mustafa seufzte. »Also gehen wir runter.«

»Wir gehen runter.«

Parks stützte die Ellbogen auf die Knie, während er die Karte studierte. »Red, wer war Gruppenführer beim Corps-Einsatz?«

»Jadduk, du kennst ihn nicht. Ein Fremdweltler von Nuumiia.« Miklynn rieb sein Kinn und sah Parks nachdenklich an. Jadduk war ein tüchtiger Mann; er verstand was vom Job. Er war kein Dummkopf.« Er wandte sich ab und zeigte auf die Karte. »Seht ihr diese dunklen Stellen?« Ich sah hin und bemerkte die dunklen Schlingen und Kreise.

»Was ist das?« erkundigte sich Mustafa Assir.

»Orbitalbeobachtungen haben ergeben, daß es sich um eine Art elektrischer Störungen handelt.«

»Teil des Magnetfeldes des Planeten?«

Miklynn schüttelte den Kopf.

»Hat damit überhaupt nichts zu tun. Aber schaut euch die Kreuze an. Jedes davon sitzt innerhalb einer der dunklen Stellen.« Er drehte sich zu Königsberg. »Felix, leg die erste Planpause über die Karte.« Königsberg tat es. Der durchscheinende Plastikbogen war mit ähnlichen Schlingen und Kreisen bedeckt. Sie stimmten nicht ganz mit jenen auf der Karte überein. »Das ist die Orbitalvermessung, die von Jadduks Team angefertigt wurde. Wie ihr seht, wandern die dunklen Felder.«

Mustafa legte die Stirn in Falten. »Wieviel Zeit liegt zwischen den beiden Vermessungen, Red?«

»Fast genau ein D'Maan-Jahr. Zehn Erdmonate.« Miklynn löste sich aus seinem Sitz und hockte sich neben die Karte. Er klopfte mit dem Finger auf einen Punkt nahe einer der dunklen Stellen. »Wir müssen das noch checken, aber dieser Teil des Feldes sollte sich in der Zwischenzeit in jene Richtung verschoben haben.« Er legte den Finger auf ein rotes Kreuz, zwei Zentimeter daneben. »Hier gehen wir runter. Diese Felder sind der Schlüssel. Aber wir springen nicht mitten hinein – wir lassen es an uns herankommen.« Er hob den Kopf. »Wir werden Jadduks Orbiterstation benützen, und ich möchte, daß ihr euch bei der ersten Gelegenheit durch seine Datenbank wühlt.« Er schielte mit glänzenden Augen auf die Karte. »Keiner hat diesen verdammten Bastard bisher untergekriegt. Wir werden es schaffen!«

Miklynn saß zusammengekrümmt auf dem Boden, immer noch stöhnend und die Hände ringend. Ich sah ihn an, dann schüttelte ich meine blutige Faust in seine Richtung. »Hör auf, Miklynn! Hör auf! Es ist stärker als du, merkst du das nicht?«

Eine Stimme sprach aus den Lüften: »Das bin nicht ich, Dean. Ich bin hier, im Teich.«

»Red?« Ich wirbelte herum und starrte vorbei an dem Skelett in das stille Naß. In der Mitte des Teiches stand Miklynn, bis zu den Hüften im Wasser. Seine Handflächen berührten die Oberfläche. Ich blickte zurück, gerade rechtzeitig, um zu sehen, wie Miklynns weinende Gestalt verblaßte und verschwand.

Jerzi Nivin schrie, während seine Beine sich auflösten...

Wir übernahmen die Orbitalstation, die um Arapeth kreiste, beluden sie, machten den Transporter fest, der uns zu D'Maan bringen sollte, und dockten die neue Landefähre an. Dann stürzten Jerzi Nivin und ich uns auf das Datensichtgerät, während Mustafa Assir ein anderes Terminal bediente.

Miklynn, Arango und Parks gingen auf Arapeth runter, um einige ausstehende Fragen mit dem Staatsrat zu klären.

Jerzi und ich waren seit Stunden an der Arbeit gewesen, als er sich abrupt vom Sichtschirm abwandte und verdrossen den Kopf schüttelte. »Nichts. Verdammt, absolut nichts.«

Ich betrachtete den Haufen Ziffern auf dem Schirm. »Jerzi, da ist eine Menge drin«, vermutete ich. »Wir können nur nichts damit anfangen.«

Jerzi schüttelte den Kopf. »Zu diesem Zeitpunkt hätten wir doch zumindest irgendeine Kommunikation zwischen niedrigen Lebensformen heraussieben müssen! Aber das« – er zeigte auf den Sichtschirm – »ist nichts als verstärktes Hintergrundrauschen.«

»Wenn das stimmt«, entgegnete ich, »dann ist D'Maan ein toter Planet. Wir wissen aber, daß es nicht so ist.«

Jerzi schlug sich auf den Schenkel. »Das ist mir schon klar! Aber wir müßten doch imstande sein, für Pflanzen, die wir mit unseren eigenen Augen vom Orbit aus sehen können, charakteristische Kommunikationsmuster festzustellen! Aber nein, da ist einfach nichts vorhanden.«

Mustafa riß sich von seinem Terminal los und kam zu uns herüber. Er faßte unseren Schirm ins Auge, dann kratzte er seine Bartstoppeln. »Jerzi, welche Gebiete hast du bisher durchgecheckt?«

Jerzi gab einen Kode ein, und auf dem Schirm erschien eine Landkarte, auf der in Form von Quadraten die Flächen eingezeichnet waren, von denen frühere Teams Daten gesammelt hatten. Er zeigte auf drei Zeilen Quadrate. »Wir haben die ersten drei Reihen gemacht. Entweder gibt es kein Leben dort unten, oder es unterscheidet sich um ein paar Lichtjahre von allem, was uns bisher untergekommen ist.«

Mustafa hob seine dichten schwarzen Brauen. »Und findest du das so undenkbar?«

Jerzi hob die Schultern. »Eine wirklich neuartige Lebensform müßte als sinnloses Gebrabbel registriert werden – aber das hier ist nichts als unzusammenhängendes Rauschen.«

Mustafa studierte den Schirm. »Fast alle Werte stammen von innerhalb der Störungsfelder«, stellte er fest. »Habt ihr schon eine Analyse von außerhalb angefertigt?«

Jerzi verneinte. »Wozu? Wir sind doch übereinstimmend der Ansicht, daß unsere Probleme nur vom Feld ausgehen – oder von etwas, das innerhalb des Feldes liegt. Stimmt's?«

»So was will Wissenschaftler sein!« höhnte Mustafa. »Die Fähre setzt doch außerhalb des Feldes auf. Glaubst du nicht, daß Red gerne gewußt hätte, was ihn dort erwartet?«

Jerzi gab den Kode für ein Quadrat ein, das ein Gebiet weit außerhalb des Feldes darstellte. Reihen von Kommunikationsmustern bereits identifizierter Lebensformen begannen auf dem Schirm zu erscheinen. Ich legte meine Hand auf Jerzis Arm. »Jerzi, gib uns auch die Daten für die Impulshäufigkeit.«

Jerzi hob die Hände. »Typische Werte für einen Planeten dieser Klasse. Das heißt, wir wissen nur, daß das Störungsfeld unsere Werte verfälscht.«

Mustafa rieb unschlüssig sein Kinn, dann zeigte er auf den Schirm. »Laß mich noch mal den Index sehen.«

Jerzi drückte die entsprechenden Knöpfe. Mustafa beugte sich vor und klopfte mit dem Zeigefinger auf eines der Quadrate, das sich zwar in unmittelbarer Nachbarschaft eines Störungsfeldes befand, aber doch komplett außerhalb lag. »Sehen wir uns das hier mal genauer an.«

Jerzi hämmerte über die Knöpfe und blickte gespannt auf den Schirm. Er runzelte die Stirn und gab einen Kontrollvergleich ein. »Schau an! Nahe am Feld gibt es einen deutlichen Abfall der Impulshäufigkeit. Und über vierzig Basismuster fehlen.« Er lehnte sich zurück und starrte den Schirm an.

»Was kann das sein, Jerzi?« fragte Mustafa.

»Ich weiß es nicht. Das heißt – ich will nichts sagen, bevor ich mir nicht sicher bin.« Er sah Mustafa nachdenklich an. »Wenn meine Vermutungen stimmen, stehen uns harte Zeiten bevor.«

Immer noch die verkrümmten Bäume, das Blut an meinen Händen. Der Himmel! Das Feuer am Himmel loderte wieder auf! Das Gewicht auf meiner Brust, die zusammengepreßte Kehle, die Trockenheit in meinem Mund. Die Übelkeit. Herr im Himmel, hilf mir, ich verliere den Kontakt... Wenn nur... wenn nur das Feuer nicht wäre! Miklynn... wo ist er? Yamada... ist er das im Wasser? Das Wasser? Das Wasser... es klettert über ihn! Miklynn, wo ist Miklynn... dort! Dort ist er, tief unten im Wasser.

»Miklynn! Miklynn!«

Seine Stimme. »Du verlierst den Kontakt, Dean. Kämpfe, verdammt noch mal. Kämpfe!«

Der Transporter stieß durch den Raum auf D'Maan zu. Wir versammelten uns in der winzigen Offiziersmesse.

Arango lachte in sich hinein, während wir auf Miklynn warteten. »Da habt ihr etwas versäumt, Freunde. Ich hätte geschworen, Red platzt der Kragen.« Er schüttelte den Kopf. »Aber es hat alles nichts genützt. Die Arapether wollen die weitere Aufschließung selbst übernehmen.«

Parks lehnte sich gegen die gekrümmte Wand. »Neun Expeditionen haben sich auf dem Ding in Luft aufgelöst. Neun Expeditionen! Und die glauben immer noch, es wäre ein problemloser Planet. Sie schauen durch ihre niedlichen Teleskope und sehen nichts als das Gelobte Land.«

Ich kratzte mich nachdenklich am Kinn. »Warum wollen sie nicht, daß das Corps die weitere Aufschließung übernimmt? Es muß ja nicht unser Team sein, wenn sie sich an Miklynn stoßen. Ein anderes Team könnte das erledigen.«

Miklynn drängte sich in den Raum, stieg über Yamadas Beine und quetschte seine zwei Zentner zwischen Yamada und Nivin. »Ganz einfach, Musterschüler. Die Arapether wollen sich den Preis für die Aufschließung ersparen. Die erste Expedition ist schon ein teurer Spaß, aber die Aufschließung verschlingt wahre Unsummen. Derartige Unsummen, daß sie dem Auftraggeber das Kreuz brechen würden, müßten sie in bar aufgebracht werden. So begnügt sich der Neunte Quadrant mit einem fetten Anteil an den Erträgen des aufgeschlossenen Planeten.« Er grinste. »Die Arapether waren scharf auf D'Maan, seit sie ihr erstes Teleskop geschliffen haben und einen Blick auf das Ding werfen konnten. Sie wollen es mit niemandem teilen.« Er blickte in die Runde. »Habt ihr inzwischen etwas Greifbares aus dem Hut gezaubert?«

Mustafa deutete auf Nivin. »Jerzi hat etwas.«

Unsere Blicke wanderten zu Jerzi. Er zog die Stirn in Falten und griff nach einer Mappe auf seinem Schoß. »Ein, zwei Dinge.« Er sah mich an. »Dean, wenn du der Meinung bist, daß meine Schlußfolgerungen stimmen könnten, dann müssen wir beide zusammenarbeiten.«

Ich nickte.

Er entnahm der Mappe ein Blatt Papier und breitete es auf dem Tisch aus. Es war eine verkleinerte Version von Miklynns Karte, die die Störungsfelder auf D'Maan zeigte. »Ich habe die Kommunikationsstrukturen dieser Gebiete genau überprüft. Wir haben nichts im Computer, was in irgendeiner Weise damit übereinstimmt. Aber die Muster einzelner Gebiete stimmen überein.«

Miklynn. »Und?«

»Jerzi glaubt, daß diese Gebiete miteinander in Verbindung stehen«, erklärte Mustafa.

Miklynn zog die Brauen zusammen. »Wie? Unterirdisch?«

Jerzi nickte. »Was es auch immer ist – dort, wo es an die Oberfläche kommt, sind die Störungen stark genug, um von unseren Instrumenten registriert zu werden.«

Miklynn vertiefte sich in die Karte, dann sah er Jerzi an. »Und was ist es nun?«

»Die Muster, die ich überprüft habe... sie sind zu gleichförmig, um von etwas Lebendigem zu stammen.«

»Du meinst also etwas Nichtbiologisches?«

Jerzi schüttelte den Kopf. »Nein. Es ist etwas Biologisches. Ich konnte nur keine Kommunikationsdaten bekommen, weil es sich um ein Ganzes, eine einzige lebende Einheit handelt.«

Ich pfiff vor mich hin. »Deshalb also konnte der Computer keine Muster für die Lebensformen in diesen Gebieten liefern. Wir haben versucht, Verhaltensnormen von Massenpopulationen aufzustellen, dabei hatten wir es die ganze Zeit mit einem Einzelwesen zu tun.«

»Wir konnten das nicht erkennen«, fuhr Jerzi fort, »weil wir zu nahe dran waren. So, als wollte man versuchen, menschliche Verhaltensnormen zu erhalten, indem man eine Zelle eines Menschen untersucht. Ich habe alle Details auf einen Nenner gebracht und das Ergebnis dann dem Computer unterbreitet. Die Resultate sind ähnlich den Werten, die von einem Einzelorganismus erzielt werden.«

Mustafa überlegte. »Die meisten der Felder stimmen mit den Wassermassen des Planeten überein. Glaubst du, daß dieses Wesen von den Ozeanen gebildet wird?«

»Nein. Einige Gebiete« – er zeigte auf die Karte – »sind völlig frei von Störungen, obwohl hier Wassermassen mit anderen in Verbindung stehen, die Störungsfelder aufweisen.

Aber es bewegt sich durch Wasser fort.«

»Und wie macht es das am Festland?« fragte Miklynn skeptisch.

»Ich tippe auf Grundwasser.«

»Das heißt, daß sich dieses Ding teilen und durch porösen Fels hindurcharbeiten kann?« warf Mustafa ein.

Jerzi nickte. »Ja. Aber es ist *ein* Wesen.« Er sah mich an. »Etwas will mir nicht in den Kopf, Dean. Wenn meine Theorie stimmt, dann erklärt sie nicht die Daten, die wir von den Grenzgebieten haben.«

»Du meinst die Abnahme von Basismustern und Populationsdichten?«

»Die Verringerung der Populationsdichte ist verständlich«, überlegte Jerzi. »Wenn mir dieses Ding auf den Leib rückt, würde ich mich auch verkrümeln. Aber manche Basismuster fehlen zur Gänze.« Er wies auf eines der Grenzgebiete. »Je näher man an das Ding herankommt, desto weniger Muster bleiben übrig – und ganz nahe daran die große Leere.«

»Nicht mal Pflanzen? Insekten? Bakterien?«

»Gar nichts.« Jerzi rieb sich die Augen und zeigte wieder auf die Karte. »Ich kann mir aber schlecht vorstellen, daß Pflanzen auf und davon rennen! Zumindest nicht alle. Eine einfachere Erklärung wäre die, daß dieses Wesen alles killt, was ihm in den Weg kommt. In diesem Fall würde es aber unfruchtbaren Boden hinterlassen, wenn es weiterzieht. Hier, von diesem Gebiet ist das Ding vor kurzem abgezogen, und alle Muster sind wieder da, im selben Verhältnis. Fünf Kilometer vor und hinter dem Ding sind die Muster unverändert.«

Miklynn sah mich an. »Erklär's uns, Musterschüler.«

Ich kratzte mich am Kopf und zuckte die Achseln. »Ich muß Jerzis Daten noch mal in die Maschine stopfen. So wie es jetzt aussieht, habe ich keine Ahnung.«

Jerzi schrie es heraus. »Es sind Gedanken! Alles Gedanken! Es sind... meine Gedanken!«

Ich wandte mich vom Teich weg und blickte auf die Stelle an der Jerzi gestanden hatte. Er war verschwunden. »Jerzi! Hör auf zu kämpfen, Jerzi! Laß dich tragen, laß dich gleiten und konzentrier dich auf die Realität!«

Jerzis Schreie erstarben. Arango... Haut bedeckte nun das Skelett. Er warf den Kopf zurück und schritt in den Teich. Miklynn rief aus der Tiefe: »Dean! Komm herein! Es verlangt nach dir, Dean! Du bist derjenige, den es will.«

Im Orbit um D'Maan fertigte ich Datenvergleiche des gesamten Expeditionsteams an. Sogar auf diese Entfernung übte das Ding seinen Einfluß auf uns aus. Die Vergleiche ergaben ein Normschema: Es hieß Angst. Und unsere Angst war identisch mit gewissen Mustern, die sich innerhalb der Störungsfelder fanden.

Wir hatten dem Ding einen Namen verpaßt: Neptun, nach dem Gott.

Jerzi überflog meine Analysen und schüttelte den Kopf. »Blödsinn. Wir sind dabei, auf einem Planeten niederzugehen, der schon neun Expeditionen gefressen hat. Na, klar haben wir Angst!«

Ich sah ihn an. »Dasselbe Angstschema?« Ich zeigte auf den Sichtschirm. »Paß auf.« Ich isolierte die Muster der einzelnen Besatzungsmitglieder und überlagerte sie auf dem Schirm. »Identisch. Nicht ähnlich, Jerzi, sondern identisch.«

Jerzi starrte nachdenklich auf das Bild. Dann schloß er die Augen und nickte langsam. »Es kommt von außen. Es muß von außen kommen.«

Miklynn legte den Kopf schief und steckte sich eine frische Zigarre in den Mundwinkel. »Also, Seelenverkäufer, wo geht's lang?«

»Wir gehen runter«, entschied ich. »Der Platz, den du ausgesucht hast, ist okay. Dann muß ich sehen, daß ich Kontakt mit dem Ding kriege. Ich sehe keine andere Möglichkeit.«

»Was sagt Jerzi dazu?«

»Das gleiche wie ich. Er kann mit Neptun nicht reden, bevor ich nicht herausgefunden habe, wie er funktioniert.«

Miklynn sah mich abschätzend an. »Wie steht's bei dir eigentlich mit dem Mumm?«

Ich faßte ihn einen Moment ins Auge, dann wandte ich mich ab. »Ich tue meinen Job.«

Er stand eine Weile schweigend da, dann drehte er sich um und ging hinaus.

Angst war es damals; Angst ist es geblieben. Denken. Ich muß denken! Dieser Faden, den Jerzi fand, als wir zum erstenmal versuchten, Kontakt aufzunehmen. Ja. Die Angst. Es sind die Gedanken.

Jerzi hat sich nun völlig aufgelöst... nein! Da... das ist er, unten im Wasser, zusammen mit Miklynn, Arango und Yamada. »Jerzi, was tust du dort unten? Du solltest hier sein und mir helfen.«

»Komm ins Wasser, Dean. Es will dich.«

Yamada beendete die Standortplanungs- und Strategiebesprechung. Unsere Taktik? »Allzeit bereit zum Abhauen.«

Assir, Boner, Li und Königsberg würden in der Fähre bleiben. Miklynn, Arango, Yamada und Parks sollten einen Standplatz errichten, etwa fünf Kilometer vom Rand des Störungsfeldes entfernt, während Jerzi Nivin und ich soweit wie möglich mit unseren Instrumenten vorstoßen würden.

Die Landung verlief glatt. Keine Veränderungen bei den Angstmustern. Die Crew der Fähre entlud den Wagen und montierte die Ausrüstung. Inzwischen betrachteten wir anderen das Gelobte Land. Wir hatten in hohem, duftendem Gras aufgesetzt, das übersät war mit winzigen weißen und bläulichen Blüten. Gegen Osten flachten die sanften Grashügel ab und verloren sich im weißen Sand eines Strandes, den ein tiefblaues Meer umspülte. Im Norden und Westen endete das Grasland am Rand eines unberührten Waldes hoher Bäume mit grüngoldenen Blättern. Im Süden dehnten sich die Grashügel bis an den Horizont, und in dieser Richtung wartete Neptun auf uns.

Während wir noch in die Landschaft versunken waren, trat Fusheng Li zu uns und klopfte Miklynn auf den Arm. »Der Wagen ist bereit.«

Miklynn drehte sich um und winkte uns heran. »Okay, Männer. Aufladen.« Er wandte sich an Mustafa. »Ich möchte, daß du an den Instrumenten hängst und jeden unserer Schritte verfolgst. Verstanden?«

Mustafa nickte. »Sollen wir euch nachkommen, wenn ihr mit dem Wagen festsitzt?«

»Nein. Achte darauf, daß die Crew in der Fähre bleibt! Falls ihr abhauen müßt, muß es schnell gehen. Und kontrolliere, ob deine Aufnahmegeräte auch wirklich eingeschaltet sind. Vielleicht beißen wir alle ins Gras, dann soll es nicht umsonst gewesen sein.«

Mustafa grinste. »Wenn ihr ins Gras beißt, Red, dann wird es nicht umsonst gewesen sein.«

Ich stieg in den Wagen, ließ mich neben Jerzi in den Sitz fallen und wartete auf Miklynn. Er ließ seine Blicke über den Horizont schweifen, sah zum Himmel auf und beugte sich in den Wagen. »Verdammt schön hier«, murmelte er.

Schön. Wieviel von dieser Schönheit ... von diesem Schrecken ... ist Realität? Ich blickte in den Teich. Alle anderen sind da unten, verschlungen von dem Ding und eins geworden mit ihm. Alle – außer mir und Parks. Es bleibt Sieger ... und es weiß das!

Staunend betrachteten wir durch die Wagenfenster die riesigen Bäume, den friedlichen Strand, den durchsichtigen blauen Himmel.

Die Bäume lichteten sich, und wir kamen an einen Fluß, der ins Meer mündete. Miklynn, Parks, Yamada und Arango packten ihre Ausrüstung aus, um Wasser- und Mineralientests durchzuführen. Jerzi blieb an seinem Funkgerät. Ich stellte meine eigenen Apparaturen ein und begann mit der Bestimmung des Angstniveaus der Teammitglieder.

Das erste Ergebnis brachte keine Änderungen, obwohl sich die Werte doch erhöhen sollten, je näher wir an Neptun herankamen. Ich begann von neuem.

Plötzlich, während ich an Yamada arbeitete, schnellten die Werte hoch. Ich erhob mich und stieg aus dem Wagen. Yamada und Arango standen neben dem Flußbett an einem grauen Fels, wo sie Proben gezogen hatten. Miklynn hockte neben dem Bächlein, das durch das Flußbett rieselte; er stand auf und sah sich um. Als Parks plötzlich von dem Platz bei den Bäumen, wo er die Flora untersucht hatte, zum Wagen raste, überkam mich das Gefühl zum erstenmal. Ich spürte, wie meine Brust sich zusammenpreßte und ein Prickeln der Angst über meine Haut lief.

Parks sprang auf das Trittbrett und beugte sich durch die Tür zu Jerzi. »Ruf die Fähre!«

Jerzis Augen weiteten sich, und er hielt eine Hand vor sein Gesicht, als wollte er einen Schlag abwehren. »Warum? Weshalb sollte ich?«

Parks' Züge verfinsterten sich. »Tu, was ich dir sage!«

Jerzi rückte ab vom Funkgerät und drückte sich in seinen Sitz. Parks stieg ein, stieß Jerzi vom Transmitter weg und stellte die Verbindung zur Fähre her. Miklynn und die anderen drängten sich bereits um die Tür, als Mustafa antwortete. »Fähre.«

»Parks hier. Assir, wir brauchen die letzte Position von Neptun. Und zwar schnell.«

»Bleib dran.«

Parks wandte sich an mich. »Dean, haben sich die Daten geändert?«

Ich nickte. »Angst. Etwa die doppelten Werte von früher.«

»Parks«, knisterte das Gerät. »Egal, was ihr Bummler gerade tut, laßt alles fallen, und ab die Post! Die Orbitalstation meldet eine deutliche Ausbuchtung des Feldes ganz in eurer Nähe, und es bewegt sich in eure Richtung!«

Parks sah erst mich an, dann Miklynn. Miklynn kratzte sich am Hals, blickte nachdenklich in die Ferne und stieg in den Wagen. Er quetschte sich in den Fahrersitz, streckte die Hand aus und stellte den Motor ab. Er drehte sich zu Parks. »Und jetzt?«

Parks drückte die Taste. »Assir, wie sieht es jetzt aus?«

Die Pause war von statischem Rauschen erfüllt. Dann erwachte das Gerät wieder zum Leben. »Die Ausbuchtung ist immer noch da. Aber sie dehnt sich nicht mehr aus.« Wieder eine Pause. »Sie ist ortsstabil. Was habt ihr gemacht?«

Parks sagte: »Den Wagen abgestellt. Kraftfelder locken das Ding offenbar an.« Er überlegte kurz. »Wie steht's mit dem Funkgerät? Werden unsere Gespräche das Ding anziehen?«

Stille. »Keine Ahnung. Laß deinen Finger fünf Minuten auf der Sprechtaste.«

Während er die Taste niederhielt, sagte Parks zu Miklynn: »Du weißt, was das bedeutet.«

Miklynn nickte. »Der Wagen muß hierbleiben.« Er sah mich an. »Du und Nivin, ihr werdet zu Fuß weitergehen.« Er beugte sich aus dem Fenster. »Arango!«

Arango steckte seinen Schädel durch die Beifahrertür. »Was gibt's?«

»Du begleitest Dean und Nivin, um Kontakt mit Freund Neptun herzustellen. Ihr geht zu Fuß, das Ding spricht auf Kraftfelder an.«

Arango nickte. »Und das Funkgerät?«

Miklynn deutete auf Parks. »Wir überprüfen das gerade.«

Wir warteten einige lange Minuten, dann hob Parks seinen Finger von der Taste. Noch ein Augenblick Stille, dann kam Mustafas Stimme durch. »Unverändert, Parks. Entweder spricht Neptun auf die Wellenlänge, die wir benützen, nicht an, oder das Gerät ist zu schwach.«

Parks schaltete ab, und Miklynn sah mich an. »Okay, Musterschüler. Pack deine Sachen. Wir warten schon auf dich.«

Warten... Wie können sie hier sein? Wie können sie da unten im Wasser sein...? Während die Fetzen, die einmal Parks waren, sich wieder zu seinem Körper formen, trifft mich Miklynns Blick durch das leichte Kräuseln des Teiches. »Komm herein, Dean. Komm herein. Dich will es haben. Dich.« Ich suche die Gedanken, die mir gehören... nur mir. Sie müssen da sein... wenn ich sie nur erkennen kann, sie halten kann...

Arango ging voran, dann kam Jerzi, und ich machte das Schlußlicht. Wir wanderten über zwei Stunden das steile Flußbett entlang. Dann schwenkte Arango den Arm und lehnte sich gegen einen Baum. Jerzi stellte das Funkgerät nieder und ließ sich an einem Stamm zu Boden gleiten. Ich nahm meinen Packen ab, verwendete ihn als Polster für mein müdes Haupt und streckte mich im dichten Gras aus. Über den Baumwipfeln hing immer noch ein durchsichtiger Himmel.

Arango nahm seine Last ab, schob einen Nahrungswürfel in den Mund und zeigte stromaufwärts. »Ich gehe ein Stückchen weiter und sehe mich mal um. Ihr beiden rührt euch nicht von der Stelle.«

Ich sah zu, wie er sich entfernte, dann sagte ich zu Jerzi: »Arango ist ein bißchen kribbelig, nicht wahr?«

Jerzi wickelte seinen Nahrungswürfel aus, steckte ihn zwischen die Zähne und antwortete mit vollem Mund. »Das macht der Job. Er ist okay.«

Ich kaute an meiner Ration, während Jerzi das Gerät auf seine Knie hob und auf Empfang ging.

»Neuigkeiten?« erkundigte ich mich.

Jerzi schüttelte den Kopf. »Immer die gleichen Geräusche. Wenn wir mit dem Ding in Kontakt kommen wollen, dann werden wir mehr Daten brauchen.« Er wechselte auf die Frequenz, die wir mit der Besatzung des Wagens vereinbart hatten, drückte zweimal die Transmittertaste und wartete, bis er das Antwortklicken hörte. Dann drehte er das Gerät ab und stellte es zur Seite. Er lehnte sich wieder an seinen Stamm. »Wo starrst du hin?« fragte er mich.

»Auf dich.« Ich setzte mich auf.

»Warum?«

»Ich bin neugierig. Weshalb warst du eigentlich in der Klapsmühle, drüben auf Masstone?«

Eine Seite von Jerzis Mund verzog sich zu einem Grinsen. »Und die Frage bereitet dir Kopfzerbrechen?«

»Ich bin nur neugierig«, wiederholte ich. »Du bist gar nicht wie die anderen.«

Jetzt grinste er auch mit der anderen Seite des Mundes. »Wir sind alle gleich; ich bin nur noch ein bißchen gleicher.« Er lehnte den Kopf an den Baumstamm und sah hinauf zum Himmel. »Du gehörst noch nicht richtig zum Team, Dean. Nicht restlos. Also kannst du auch nicht verstehen, was uns antreibt.« Er blickte mich voll an. »Ihr Leute von der Akademie betrachtet das Corps mit anderen Augen.«

»Inwiefern?«

Jerzi hob die Schultern. »Ich habe schon früher mit einigen von euch gearbeitet. Für euch ist es einfach ein Job, gut fürs tägliche Brot und für eine fette Pension... Ich glaube, es gibt sogar welche unter euch, die sich für die Arbeit interessieren.« Er starrte wieder ins Leere. »Aber ihr kennt ihn nicht.« Sein Atem wurde schneller.

»Wen kennen wir nicht?«

»Den Zwang. Den Zwang, sich in einen Planeten zu verkrallen und ihn niederzuringen.« Er zeigte mit dem Finger auf mich. »Mehr oder weniger leben wir alle unter diesem Zwang. Und ich? Wenn ich den Druck nicht spüre, fange ich an, in Fransen zu gehen.« Er hob wieder die Schultern. »Das tun die anderen auch. Auf andere Weise. Wir leben für den Job. Ohne ihn kippen wir ein bißchen aus den Pantinen.«

Ich überlegte. »Und Miklynn?«

Jerzi lachte auf. »Miklynn? Er ist ärger als alle anderen. Ohne einen Planeten als Sparringspartner legt er sich ins Bett und stirbt.«

»Wie kam es dann, daß er vom Corps den Tritt erhielt?«

Jerzi verzog mißmutig das Gesicht. »Jede Wette, daß Miklynn die letzten vier Jahre damit zugebracht hat, das Corps genauso zu bearbeiten wie irgendeinen Planeten, den er unterkriegen mußte. Und er hat es erreicht. Wir haben alle wieder die Uniform an.« Er lächelte. »Und ich erwarte, daß Lua und das Lumpenpack drüben auf Arapeth ... naja. Mit denen wird Red auch noch abrechnen.«

»Die Sache wegen Lujocks Planet?«

Jerzi nickte. »Ein echtes Rattenloch. Ich glaube, Lujocks hatte mehr giftige Lebensformen pro Quadratzentimeter als irgendein anderer Ort im ganzen Quadranten. Die erste Expedition mußte einen Weg finden, der ein Überleben auf der Oberfläche möglich machte, so daß mit der Besiedelung und Erschließung begonnen werden konnte. Es gab viel zu tun: Entwicklung von Antitoxinen, Klärtechniken für die Atmosphäre, Ausarbeitung von Bekämpfungsmethoden für einige der widerlichsten Vegetationsformen ... Alles in allem kein Plätzchen, an dem man seinen Urlaub verbringen möchte.« Jerzi sah mich an. »Kurt Messer, unser früherer Psychoknabe. Dort haben wir ihn verloren.«

Die Sache ließ mich nicht los. »Wie ist das passiert?«

»Irgendein Kurzschluß in seinen Gehirnzellen, nehme ich an. Eines Tages spaziert er einfach raus aus dem abgesicherten Gebiet – ohne Schutzanzug, ohne Filter, einfach so. Mitten hinein ins Schlaraffenland. Nach zwei Sekunden war er tot.« Jerzi seufzte. »War ein arger Schlag für Red. Er verliert nicht gern jemanden aus dem Team. Jedenfalls haben wir dann im Lauf der Zeit herausgefunden, daß die Lebensformen auf Lujocks in einem heiklen, genau ausgewogenen Verhältnis zueinander standen. Die Arapether hatten vor, einige der Pflanzenformen, die reich an Disogen waren, abzubauen und zu verarbeiten.«

»Disogen? Was ist das?«

»Ein Medikament. Unter den Arapethern ist eine Krankheit – eine Art Krebs – weit verbreitet, die mit Disogen behandelt werden kann. Aber um ein nennenswertes Quantum des Medikaments zu erhalten, muß eine ganze Menge dieser Pflanzen mit Säuren aufbereitet werden.« Er zuckte die Achseln. »Kurz und gut, wir begannen, ein Verfahren zur Aufbereitung und Herstellung des Medikaments zu entwickeln, das so wenig wie möglich in das ökologische Gleichgewicht des Planeten eingriff. Aber Lua und Co. machten da nicht mit. Wir hatten herausgefunden, wie man auf dem Planeten überleben konnte, und das war alles, woran sie Interesse hatten. Sie wollten nur ran an die Futterkrippe, riesige Flächen auf einmal abernten und verarbeiten und die Abfallprodukte einfach liegenlassen. Deshalb ist Red mit Lua in den Clinch gegangen, und du weißt, was dann passierte.«

»Ich weiß, was mit Miklynn und euch anderen passiert ist. Aber was geschah mit dem Planeten?«

Jerzi stand auf, hob das Funkgerät hoch und schlüpfte in die Schulterstrippen. »Da kommt Arango.« Er drehte sich zu mir um. »Lujocks Planet hat jetzt weniger disogenhaltige Pflanzenformen als Arapeth. Außerdem haben die Säurerückstände eine bereits vorhanden gewesene Lebensform in ein Supermonster mutiert. Nichts hat dagegen eine Chance. Mustafa prophezeit, daß Lujocks innerhalb der nächsten dreißig Jahre ein toter Planet sein wird, mit einer giftigen Atmosphäre bald danach.«

Arango hielt vor Jerzi an. Ich stand auf und schulterte meinen Packen. »Wärmt ihr beide den Lujock-Job wieder auf?«

Jerzi deutete mit dem Daumen auf mich. »Dean wollte wissen, weshalb Miklynn aus dem Corps flog.«

Arango legte die Stirn in Falten. »Red gibt die Planeten, die er erobert hat, nur ungern zurück.« Er zeigte stromaufwärts. »Ich ging bis zu einer Stelle, von wo man Neptun eigentlich sehen müßte. Ich habe nichts Außergewöhnliches bemerkt. Seid ihr bereit?«

Ich hob eine Augenbraue. »Ruhst du dich gar nicht aus?«

Arango lachte, drehte sich um und marschierte wieder stromaufwärts. Jerzi rückte seine Last zurecht und folgte ihm. Als ich hinter Jerzi hertrottete, grinste er über seine Schulter: »Wie ich sagte: Der Job ist unser Leben. Wir werden alle Hände voll zu tun haben, Arango davon abzuhalten, Neptun mit bloßen Händen zu erledigen.

Was ist es? Ich fühle seine... Gedanken? Sind es seine Gedanken, die ich fühle? Oder reißt es nur die Barriere zu meinen eigenen Gedanken nieder. Die Dinge, die ich am meisten fürchte... das Wasser, die Zerstörung... den Tod... weiß es davon? Wie? Oder bin das ich? Ist es meine Angst, die ich sehe? Aber der Wurm, der durch Arangos Schädel kriecht; ich habe keine Angst vor Würmern, vor Skeletten. Doch Arango... Arango vielleicht. Sehe ich... sehe ich alle ihre Ängste? Ihre und meine eigenen?

Wir standen auf der Kuppe eines niedrigen Hügels über einem dichten Wald. Arango blickte rundum und seufzte. »Eine Schande, dieses Juwel den Arapethern überlassen zu müssen.«

Jerzi schlüpfte aus den Schulterstrippen und ließ das Funkgerät zu Boden gleiten. »Soll ich die Position abchecken?«

Statisches Rauschen kam aus dem Gerät. Dann knackte eine Stimme: »...schwer zu sagen. Laß die Taste niedergedrückt... Dinge aussehen... mittendrin...«

Jerzis Züge spannten sich an. Er ließ den Finger auf der Taste.

Arango studierte das Gelände. »Ich sehe keine Veränderungen.« Er sagte zu Jerzi: »Wenn wir schon Verbindung haben, laß dir von der Fähre Kommunikationsschemen und Impulshäufigkeiten geben.«

Während Jerzi nickte, öffnete sich der Boden unter seinen Füßen und verschluckte ihn. Die Erde schloß sich über seinem Kopf und schnitt seine Schreie ab. Ich rannte hin, fiel auf die Knie und blickte zu Arango auf. Sein Gesicht! Die Haut... die Haut fiel von seinem Gesicht ab! Er brüllte und lief hinunter zum Waldesrand. »Arango! Arango, warte!«

Ich sprang auf und folgte ihm. Plötzlich explodierte der Himmel in lodernde Flammen, und die Landschaft wurde schwarz. Abscheuliche verkrüppelte Pflanzen sprangen aus dem Boden, ihre nackten Äste und Ranken scharf gegen den roten Himmel gezeichnet. Vor mir begann sich eine flache Mulde mit Wasser zu füllen. Arango taumelte davon weg und brach unter einem Baum zusammen.

Ich rannte zu ihm hin und schrak zurück. Sein blanker Schädel grinste mich an. Ich wollte davonlaufen, da sah ich, daß sich das Erdreich von einer kleinen Erhöhung zurückzog. Eine geballte Faust, um sich schlagende Gliedmaßen, und der Boden hatte Jerzi wieder freigegeben. Er richtete sich auf den Knien auf, dann fiel er vornüber, schwer atmend. »Jerzi, wir müssen weg von hier! Wo ist das Funkgerät?«

Jerzi hob den Kopf von der Erde und begann zu schreien, als er sah, wie seine Beine sich aufzulösen begannen. »Das Gerät! Schalt das Gerät ab!«

Ich schloß die Augen. Wo hatte ich gestanden, bevor ich hinter Arango herrannte? Das Funkgerät mußte immer noch an der Stelle sein, wo Jerzi es fallengelassen hatte... *Ich verschließe meine Ohren den Schreien, die aus dem Teich dringen. Ich wende mich ab und will zurück zum Hügel. Der Hügel ist nicht mehr da... nichts als düstere Bäume, die meinen Pfad verstellen, und Feuer! Die Bäume! Sie brennen!* Das ist nicht die Wirklichkeit! Nicht die Wirklichkeit! *Ich gehe ins Feuer, spüre, wie meine Kleider verkohlen und flakkernd von meinem Körper fallen. Ich gehe weiter, weiter...*

Ich strauchle, strecke meine Hände aus und falle in ein Meer von brennendem Öl. »Es ist nicht Wirklichkeit... nicht Wirklichkeit... nicht Wirklichkeit.« *Ich lange hinter mich und ergreife das Ding, über das ich gestrauchelt bin. Es windet sich und beißt mich in die Hand. Ich halte es fest und suche den Schalter. Es beißt durch meine Hand hindurch, aber meine Finger suchen nach einer Taste... Die Taste... Ich lege den Schalter um und... es wird schwarz... ganz schwarz...*

Nicht gut. Nicht gut... Was? Was? »Jerzi, bist du das?«

»Dean... Kein Funkgerät... Muster...« *Brüllend.*

Rennen. Muß rennen. Rennen. Rennen. Das Gras krümmt sich

vor mir, aber es ist wieder Gras! Rennen, rennen, rennen. Kein... kein Feuer. Kein Feuer am Himmel... der blaue Himmel...
Auf der Kuppe des Hügels brach ich zusammen, mein Gesicht im kühlen Gras vergraben. Mein Atem kam in kurzen Stößen. Ich öffnete die Augen, stützte mich auf die Ellbogen und betrachtete die Sonnenstrahlen auf meinen bebenden Händen. Ich rollte mich auf den Rücken, setzte mich auf und sah zurück. Unten, nahe am Waldrand, lagen Arango und Jerzi ausgestreckt und wanden sich im Gras. Neben ihnen lag das Funkgerät.

Hinter mir krachten brechende Äste, und ein keuchender Atem näherte sich. Eine harte Hand packte mich an der Schulter, und Miklynns Gesicht erschien vor meinem.

»Was? Warum...« Ich hatte Mühe, die Worte zu formen. »Warum bist du nicht beim Wagen geblieben...« Parks stand hinter Miklynn. »Was... du bist... wie? Vorhin mit dir über Funk gesprochen.«

Miklynn rüttelte mich an der Schulter. »Dean! Fang dich! Das war vor vier Stunden!«

»Was? Vier...«

Parks begann zu Jerzi und Arango hinunterzusteigen. Ich sprang auf. »Nein! Parks! Nein!«

Parks drehte sich zu mir um. »Was ist los?«

»Das Ding... es ist dort! Du bist nicht vorbereitet darauf. Welche Wirkung es hat. Ich... ich war auch nicht darauf gefaßt.« Ich setzte mich wieder ins Gras. Miklynn hockte sich neben mir auf die Fersen.

»Und welche Wirkung hat es, Dean?«

Ich schüttelte den Kopf. »Warte. Muß nachdenken.« Ich starrte auf die Stelle, unter der... Neptun... lauerte. Geflügelte Wesen überquerten das Störungsfeld; ein hyänenähnliches Tier hüpfte an Jerzi heran, schnüffelte an ihm und hüpfte weiter zu Arango. Wieder schnüffelte es, dann verschwand es unter den Bäumen. »Die Muster, Miklynn... deshalb sind die Muster dieser Lebensformen verschwunden! Sie nehmen das gleiche Muster an wie das Ding!«

»Drück dich deutlicher aus!«

Ich konzentrierte mich. »Ein fremdes Muster – ein fremdes elektromagnetisches Feld – ist eine Bedrohung für Neptun. Er betrachtet die Verschiedenartigkeit als Bedrohung. Die Lebensformen hier haben sich angepaßt; sie nehmen Neptuns Muster an.« Mein Kopf schwankte von einer Seite zur anderen. »Denken. Ich muß nachdenken.«

Miklynn erhob sich. »Wir müssen Arango und Nivin da rausholen.« Er sah auf mich herab. »Wie machen wir das am besten?«

Ich stand auf. »Wenn man versucht, dagegen anzukämpfen, wenn du versuchst, deinen eigenen Gedanken zu folgen, dann ist es ein Alptraum. Aber die Muster ... Jerzi hat etwas darüber gesagt ... wir ... wir müssen ihm nachgeben ... ihm vertrauen, alles mit uns geschehen lassen, was es will.« Ich packte Miklynn am Arm. »Das ist es! Wenn unsere Muster mit seinem Muster übereinstimmen, dann hören wir auf, eine Bedrohung darzustellen! Dann wird es uns in Ruhe lassen.«

Miklynn starrte mich an. »Und wie macht man das, Dean?«

Ich warf einen Blick auf Jerzi; seine Lippen verzerrten sich zu einem stummen Schrei. »Was auch geschieht, laß es geschehen. Kämpf nicht dagegen an. Es wird deine Gedanken herumstoßen; laß es gewähren.«

Miklynn betrachtete mich forschend. »Du bleibst besser hier.«

Ich riß die Augen auf und stieß ihn in die Brust. »Denkste, Schmalztopf. Ich werde das verdammte Ding unterkriegen! Kannst mitkommen, wenn du magst.« Ich ging entschlossen den Abhang hinunter. Als ich die ersten Anzeichen von Angst spürte, die mir in die Kehle stieg, blieb ich stehen und gab mich der Angst hin, akzeptierte sie. Ich sah, wie es Miklynn packte, und rief: »Es tut dir nichts! Überlaß ihm deine Empfindungen!«

Miklynn schloß die Augen, schwankte kurz und nickte dann. »Ja. Jetzt hab' ich's.« Er öffnete die Augen und schaute Parks, Yamada und mich an. Dann deutete er mit dem Kopf auf Jerzi und Arango. »Okay, gehen wir näher ran.«

Schreie ... die Kraft dieses verdammten Dings! Alle sind sie jetzt im Teich. Ich kann ... Miklynns Augen erkennen, die mich aus der

Tiefe anstarren. »Dich will es, Dean!« Das Wasser, es umspült meine Stiefel, dann steigt es ... meine Beine hinauf. Ich entspanne mich, lasse die Angst hinter mir, öffne mich, meine Empfindungen, mein Herz ... lasse das Ding gewähren. Ich trete in den Teich. Das Wasser ... Es schließt sich über meinem Kopf ...

Meine Augen öffnen sich. Die anderen stehen blinzelnd in meiner Nähe. Um uns sind grüne Wiesen und blauer Himmel ... Parks sieht mich an und lächelt. »Es hat uns akzeptiert. es hat uns akzeptiert, nicht wahr, Dean?«

Jerzi und Arango liegen immer noch besinnungslos am Boden. Parks, Miklynn und Yamada können die Realität noch nicht fassen.

Yamada kommt zu mir herüber. »Dean, ist es verschwunden?«

»Nein. Aber es hat uns akzeptiert. Es hat Vertrauen zu uns.« Ich blicke langsam in die Runde. »Es hat die Waffen abgelegt. Jetzt müßt ihr Neptun vernichten!«

Blendendweißes Licht ... Sphärengesänge ... Gefühle in Aufruhr. Etwas, das ich nicht spüren kann, ringt mit etwas, das ich nicht sehen kann. Dann – Finsternis.

Ein säuerlicher Geruch in meiner Nase ... Rauch ... Desinfektionsmittel. Ich fühle mich – im Bett.

Ich öffnete die Augen und starrte an die weißgetünchte Decke, auf der die Schatten der Rolläden lagen. Ich drehe meinen Kopf nach rechts: Da sitzt Jerzi auf einem Stuhl, die Füße auf einem anderen, und schläft. »Jerzi?« Ich hustete und sprach lauter. »Jerzi?«

Jerzi schoß hoch. »Dean? Ist alles in Ordnung?«

»Wo bin ich?«

Er grinste. »Das hast du schön gesagt!«

»Hör auf mit dem Unsinn, Jerzi. Wo bin ich?«

»Auf Arapeth. Im Krankenhaus der Basis Neunter Quadrant. Wir dachten schon, wir müßten dich für längere Zeit entbehren.« Er lehnte sich zurück, streckte sich und gähnte.

»Und D'Maan?«

»Die Expedition ist erfolgreich beendet, das haben wir dir zu verdanken. Du hast Neptun einen gehörigen Schrecken eingejagt, als du mit dem Kampf begannst. Er hatte das nicht mehr erwartet.« Er beugte sich vor. »In den Gebieten, wo Neptun nie hinkommt, tun alle Lebensformen das gleiche – so halten sie sich ihn vom Leibe. Überall sonst lassen sie das elektromagnetische Bad eben über sich ergehen und halten still. Mustafa glaubt, daß die Aufschließungsmannschaft mit Abblockern überleben kann, die die Ausstrahlung der einzelnen Mitglieder neutralisieren. Aber das beseitigt noch nicht Neptuns wirkliche Bedrohungen.«

»Wirkliche Bedrohungen?«

»Ich meine, das, was Neptun unter ernsten Bedrohungen versteht. Neptun ist zwar kein intelligentes Wesen, aber dumm ist er nun auch nicht gerade. Die Felder, in denen wir uns verfangen haben, waren seine vordersten Verteidigungslinien: Wenn die Muster nicht übereinstimmen, dann läßt er seine eigenen Ängste los auf dich. Aber das ist noch nicht alles. Während du ins Krankenhaus gebracht wurdest, haben wir ein wenig herumprobiert an dem Ding. Die Fähre, zum Beispiel, ist jetzt nur mehr eine erstarrte Metallpfütze.«

»Wie das?«

»Neptun reagiert automatisch mit dem Angstfeld – so nennen wir es; und alles auf D'Maan hat sich darauf eingestellt. Aber es hat noch andere Waffen: Starke Hitze ist eine davon; die Transformation von Materie eine andere. Roboter fürchten sich nicht, also werden sie geschmolzen.«

Ich überlegte. »Die Aufschließung wird verdammt schwierig werden.«

Jerzi zuckte die Achseln. »Nicht unser Kaffee.«

Die Tür öffnete sich, und Miklynn trat ein, gefolgt von Parks, dessen Gesicht tiefrot vor Wut war. Miklynn beäugte mich und grinste. »Na, wiederauferstanden aus dem Grab?«

»Wie du siehst. Und wie geht's dir?«

»Einigermaßen. Einigermaßen.«

Parks schäumte. »Red, dieses verfluchte Mopgesindel will einfach nichts wissen von einer ordentlichen Aufschließung!«

Miklynn hob die Schultern. »Wir haben unsere Befehle, Parks, und mein Befehl lautet, daß wir zu verduften haben, sobald ein Aufschließungsteam auf D'Maan landen und überleben kann. Das haben wir befolgt.«

Parks' Gesicht verfinsterte sich. »Du weißt genau, was geschieht, sobald Lua und seine Crew einen Fuß auf D'Maan setzen!«

»Nun, ich habe doch versucht, ein, zwei Vorschläge zu machen, nicht wahr?« sagte Miklynn salbungsvoll. »Ist es meine Schuld, wenn sie nicht darauf hören?«

Parks starrte Miklynn verblüfft an. Dann warf er den Kopf zurück, lachte schallend und lief aus dem Zimmer.

Ich setzte mich auf. »Und was jetzt?«

Miklynn kratzte seine Bartstoppeln. »Sobald du dich auf den Beinen halten kannst, gehen wir an eine neue Sache. Du machst doch mit?«

»Zusammen mit dir?«

»Zusammen mit mir.«

Ich verzog das Gesicht, schloß resigniert die Augen und nickte. »Na ja. Es gibt schlechtere Möglichkeiten, mein Brot zu verdienen.«

»Aber nicht viele«, lachte Jerzi.

Miklynn hieb Jerzi auf die Schulter. »Und du sieh zu, daß dein Hirn nicht wieder in Stücke springt, sonst steige ich dir auf den Kopf und presse sie dir einzeln aus den Ohren raus!«

»Miklynn, was geschieht nun mit der Aufschließung von D'Maan?« unterbrach ich ihn. »Und weshalb hat Parks vorhin so gelacht?«

Er hob die Arme und ließ sie wieder fallen. »Lua und seine Meute werden das sogenannte Aufschließungsteam auf D'Maan bilden. Lua ist ein Raubritter, zumindest das arapethische Äquivalent dazu. Seit er zum erstenmal von D'Maan gehört hat, leckt er seine haarigen Lippen in Vorfreude auf den fetten Happen. Im selben Augenblick, in dem er landet, wird seine Crew darangehen, alles und jedes einzuscheffeln, was er in seine haarigen Klauen bekommen kann.« Miklynn grinste wie die Katze, die den Wellensittich gefressen hat. »Die Abblocker sind eine gute Sache, solange man nur spazierengeht. Aber wenn sie mit der Verarbeitung von Materialien beginnen...« Er lachte in sich hinein. »Ich hätte ein paar Vorschläge für

Lua gehabt, betreffend die Wasserverschmutzung... aber Lua war nicht interessiert.«

Er stand auf und verließ das Zimmer, gefolgt von Jerzi.

Ich verschränkte meine Arme und stellte mir die Konfrontation vor zwischen umweltversauenden Arapethern und Wasser, das zurückschlagen kann.

Ich nickte. Red Miklynn hatte den Planeten besiegt, hinter dem er her gewesen war: Arapeth.

Drei Monate später – wir steckten bis über die Ohren in einem neuen Projekt – fragte ich Red, ob er wirklich der Ansicht sei, daß Rache für einen Mann seiner Fähigkeiten den passenden Zeitvertreib darstellte. Er grübelte ein Weilchen und sagte dann: »Wie sonst kannst du's jemandem zurückgeben?«

Ich suche noch nach der Antwort.

Aus dem Amerikanischen übersetzt von Biggy Winter

TILL BASTIAN

Eine Neurose

Die wohlfrisierte Sprechstundenhilfe legte mit einer sachten Handbewegung ein numeriertes, ordentlich beschriftetes und sauber gefaltetes Formblatt in die Mitte der Schreibtischplatte.

»Der neue Patient, Herr Müller«, murmelte sie. Der, den sie meinte, stand noch dicht bei der Tür, schwitzend und verlegen hüstelnd.

Doktor Macht, der wuchtig und ruhig hinter seinem Schreibtisch thronte, blickte erst auf das Formular, faßte dann den Patienten selbst ins Auge und lächelte sogar ein wenig dabei. Danach lehnte er sich gemächlich in seinem riesigen Ohrensessel zurück, faltete bequem die großen Hände ineinander. »Guten Tag, Herr Müller. Bitte setzen Sie sich doch.«

Leise verließ die Sprechstundenhilfe das Zimmer. Herr Müller nahm vorsichtig auf einem Korbstuhl Platz, rutschte unruhig auf der Vorderkante der Sitzfläche hin und her und richtete den Blick zu Boden. Der Arzt hingegen ließ seine Augen bedachtsam und mit milder Profession auf seinem neuen Patienten ruhen.

»Nun?« fragte Dr. Macht nach einem kleinen Schweigen das stille Gegenüber, »was ist das für ein Problem, das Sie dazu veranlaßt, einen Psychotherapeuten aufzusuchen?«

Herr Müller zuckte mit den Mundwinkeln. »Es klingt sicher merkwürdig, Herr Doktor« – so preßte er dünne Worte hervor – »aber manchmal denke ich – glaube ich –, man hat mich in einen Roboter verwandelt!«

»Und was bedeutet diese Verwandlung für Sie?« fragte der Arzt sanft, aber zielstrebig. »Welche Gefühle löst sie bei Ihnen aus?«

»Ich – ja, ich bin ein anderer. Ein Werkzeug, wie es ein Roboter eben ist. Ich fühle, daß mein Leben – also, ich lebe gar nicht mehr richtig. Ich zähle nur noch als Nummer. Ich bin ein Mittel zum Zweck. Ich handle, als sei mir ein Programm eingegeben. Ich bin nicht mehr mein eigener Herr, sondern nur noch eine Maschine, ein seelenloser Automat.«

Pause. Wiederum der Arzt: »Und dieses Gefühl, dirigiert zu werden wie ein Roboter – dieses Gefühl ängstigt Sie? Sie erleben Ihre Verwandlung als bedrohlich?«

Herr Müller schluckte, zuckte abermals im Gesicht. Dann begann er plötzlich sehr schnell zu sprechen. Ungeordnet strömten die Worte aus seinem Mund, stießen zusammen und purzelten übereinander. Gelassen hörte der Arzt ihm zu. Wie ein feiner Nebel schwebte seine gleichförmige Aufmerksamkeit im Raum.

»Ich bin nur noch ein Rädchen in der Maschine, ein Arbeitssklave – ein Roboter eben! Statt zu leben, erfülle ich Funktionen, als Teil in einem großen Getriebe, dessen Zwecke mir fremd sind. Ich bin ein stummer Diener, ein eifriger Gehilfe – leblos, fremdbestimmt, eingepaßt – stumm, blind und taub, doch im Besitz gewisser Fertigkeiten – ein gehorsamer Apparat. Als Mensch habe ich durch diese Verwandlung mich selbst verloren, ich bin mir gestohlen worden...«

»Das ist eine schwere Störung der Ich-Identität, eine Krise des Selbstwertgefühls«, murmelte Dr. Macht, einige Stichworte notierend. Herr Müller schien ihn gar nicht zu hören. Er sprach in einem fort weiter, schneller und schneller. Während seiner Rede wirkte das freundliche Zimmer plötzlich eine Nuance dunkler, und auf den mit edlem Pinienholz vertäfelten Wänden schienen durchsichtige Schatten umherzugleiten – Schatten von Menschen, die man gezwungen hatte, in riesigen Werkhallen zu arbeiten, an endlosen Fließbändern zu hantieren, lärmende Maschinen zu bedienen, stets denselben Handgriff folgsam, präzise und routiniert auszuführen, Tag, Nacht, Akkord, Wechselschicht. Menschen, die man gezwungen hatte, zu dienen, sich zu fügen, zu funktionieren – Sklaven und Leibeigene, Roboter, Automaten, leblose Apparate, lebende Maschinen. Und hinter diesen Menschenschatten tauchten die blassen Abbilder ihrer erlaubten Vergnügungen und lizensierten Bedürfnisse auf: Lottoscheine, Freizeitparks, Autokinos, Feriencenter,

Sporthallen, Spielhallen, Tanzhallen, Festzelte, Würstchenbuden, Campingplätze, Trimmpfade, Fernsehshows, Karnevalszüge, Achterbahnen, Fußballturniere und Ratespiele... Plötzlich verschwanden diese Bilder, und hinter ihnen wehte ein kalter Hauch von Leere und Tod. Und dann stiegen andere, dunklere Schatten herauf: Bilder von Menschen, die man gezwungen hatte, in den Krieg zu ziehen, von Menschen, die man gezwungen hatte, ihre Ideen zu verraten, Menschen, die man gezwungen hatte zu glauben, gezwungen zu hoffen, gezwungen zu leben, zu verzichten, sich anzupassen, einzufügen, unterzuordnen... und hinter diesen Schattenmenschen entrollten sich, grau in grau, große Spruchbänder: *Arbeit adelt... Armut schändet nicht... Bescheidenheit eine Zier... Müßiggang aller Laster Anfang... Bleibe im Lande und nähre dich redlich...*

Der Arzt jedoch sah diese Bilder nicht.

Herr Müller schwieg jetzt. Für Sekunden lastete Ruhe über dem Raum.

Dann ergriff Dr. Macht das Wort:

»Nun, jetzt weiß ich recht gut über Ihr Problem Bescheid – eine ernste Sache. Sie haben gut daran getan, Hilfe zu suchen. Man muß Ihnen helfen, Herr Müller – und man kann Ihnen helfen. Ganz bestimmt!«

Dann erläuterte der Arzt seinem Patienten noch die Details der so dringend erforderlichen psychotherapeutischen Behandlung – Raum, Zeit, Honorare, Termine sowie die Notwendigkeit von Disziplin und Mitarbeit von seiten des Patienten. Nicht zuletzt wegen der eher langsamen Auffassungsgabe des Herrn Müller nahm diese Erörterung recht lange Zeit in Anspruch.

Endlich schloß sich die Tür hinter dem Patienten. Auf dem Wege nach draußen, in den Alltag zurück, quälte Herrn Müller sein Gedächtnis: »Wie habe ich wohl auf ihn gewirkt?« überlegte er. «Denkt er jetzt: Schon wieder so einer, der sich für einen Roboter hält? Oder sagt er sich: So etwas Verrücktes habe ich lange nicht mehr gehört?«

Dr. Macht jedoch, der Mittelpunkt dieser Überlegungen, dachte gar nichts dergleichen. Er dachte überhaupt nichts. Noch immer thronte er ruhig und unbewegt hinter seinem Eichenschreibtisch.

Dann tastete seine rechte Hand langsam, etwas fahrig, nach der Knopfleiste des Hemdes, fand sie und öffnete sie von oben nach unten. Ein braunes Material wurde sichtbar, dunkler als Haut, außerdem eine kleine Klappe, die die Hand jetzt öffnete. Aus der Öffnung hinter der Klappe spulte die Hand ein dünnes Kabel hervor, das sie in einer Steckdose an der Unterseite der Schreibtischplatte befestigte.

Nun weiteten sich die künstlichen Pupillen der Arztgestalt, und die mechanischen Glieder zuckten, als der Strom zu fließen begann. Das Erstgespräch mit Herrn Müller, die letzte Therapiestunde eines anstrengenden Tages, hatte gar zu lange gedauert. So war es jetzt höchste Zeit für den geduldigen Psycho-Roboter Dr. Macht, seine eingebauten Akkumulatoren aufzuladen.

Der Autor:

1949 in München geboren. Studium der Medizin an der Universität Mainz; 1979 Promotion zum Dr. med. (über das Thema »Sprachwissenschaftliche Grundlagen der Psychopathologie«). Der Autor lebt heute als Arzt, Psychotherapeut und freier Schriftsteller in Heidesheim bei Mainz.

UM RÜCKFRAGEN ZU VERMEIDEN

Wir veröffentlichen die Anzeigen für die HEYNE SF-BÖRSE in der Reihenfolge des Eingangs. Bitte beachten Sie aber, daß der technische Vorlauf, also die Zeit zwischen Redaktionsschluß und Erscheinungstermin, 4 Monate beträgt. Sie werden Ihre Anzeige also jeweils frühestens in der übernächsten Nummer des Magazins finden, wahrscheinlich aber erst in der Nummer darauf.

Bitte beachten Sie auch, daß wir **keine Werbeanzeigen** für Fanzines und dergleichen veröffentlichen.
Und noch eine Bitte: Versehen Sie Ihre Anzeige mit Namen und vollständiger Anschrift. Die Angabe auf dem Kuvert genügt nicht, weil die Post auf der Poststelle des Verlags aufgeschnittten wird und das Kuvert nicht selten verlorengeht. Wir konnten einige Anzeigen leider nicht veröffentlichen, weil die Anschrift fehlte oder unzureichend war. Bitte denken Sie in Zukunft daran. Danke!

Unsere Adresse:
Wilhelm Heyne Verlag
Science Fiction-Redaktion
Türkenstraße 5-7
8000 München 2

VERKAUFE ODER TAUSCHE:

Simak	Marc Cornwalls Pilgerfahrt	Heyne	2,–
Gordon	Der Krähengott	Heyne	2,–
Aldiss	Der Malacia-Gobelin	Heyne	2,50
Doyle	Die vergessene Welt	Heyne	2,–
Vance	Der Mann ohne Gesicht	Heyne	1,50
Vance	Marune – Alastor 933	Heyne	2,–
Vance	Trullion – Alastor 2262	Heyne	2,50

Vance	Der graue Prinz	Heyne	2,–
Gaskell	Der Turm der Göttin	Heyne	2,50
Gaskell	Der Drache	Heyne	2,–
Pratt	Der blaue Stern	Heyne	2,–
Pratt	Die Einhornquelle	Heyne	5,–
Dominik	Ein Stern fiel vom Himmel	Heyne	2,–
Moorcock	Die Zeit-Menagerie	Heyne	2,–
Paul	Unsere Nachbarn im Weltall	Heyne	3,–
Dominik	Moderne Piraten	Heyne	1,–
Norman	Gor – die Gegenerde	Heyne	0,50
Heinlein	Die sechste Kolonne	Heyne	1,–
Antony	Das Erbe der Titanen	Bastei-Lübbe	2,50
Antony	Die Kinder der Titanen	Bastei-Lübbe	2,50
Antony	Der Sturz der Titanen	Bastei-Lübbe	2,50
Antony	Hassans Reise	Bastei-Lübbe	3,–
Anderson	Das geborstene Schwert	Bastei-Lübbe	2,50
Anderson	Dreiherz	Bastei-Lübbe	4,50
Lee	Volkhavaar, der Magier	Bastei-Lübbe	2,50
Gordon	Gesang der Mutanten	Bastei-Lübbe	2,50
Gordon	Messias der Mutanten	Bastei-Lübbe	3,–
Farmer	Die Krone von Opar	Bastei-Lübbe	3,–
Wolfe	Der Teufel hinter den Wäldern	Bastei-Lübbe	2,50
Morris	Das Reich am Strom	Bastei-Lübbe	3,–
Sandow	Mars im Morgenlicht	Bewin	3,–
Spencer	Flug in ferne Dimensionen	Bewin	3,–
Spencer	Kampf um den Null-Zeit-Antrieb	Bewin	3,–
Brown	Krieg zwischen den Sternen	Bewin	3,–
Brown	Gefangen im Fels	Bewin	3,–
Biegel	Das Ende der Technokraten	Bewin	3,–
Burke	Die weißen Adepten	Bewin	3,–
Morgan	A-T-Kraft über Terra	Utopia	2,–
Fox	Der Barbar und der Meuchler	Terra Fantasy	2,50
Gartmann	Wahrscheinlichkeit Null	Union	3,–
Hougron	Das Zeichen des Hundes	PZV	3,–
Martell	Die Scouts und der perfekte Planet	Arena	4,–
Ettinghofer	Atomstadt	Möckner	3,–
Brackett	Planet im Aufbruch	Terra	2,–
Chandler	Universum der Roboter	Terra	1,50
Dickson	Der Agent	Terra	1,50
Dickson	Pioniere des Kosmos	Terra	1,–
Dickson	Das Millionen-Bewußtsein	Terra	1,–
Van Vogt	Das Erbe des Atoms	Terra	1,–
Asimov	Die Verschwender vom Mars	Terra	1,–
Zelazny	Herr der Träume	Terra	1,–

Silverberg	Regans Satellit	Terra	1,–
Bester	Der Computer und die Unsterblichen	Terra	1,–
Jakes	Aufstand der Affen	Terra	1,–
Gerrold	Schlacht um den Planet der Affen	Terra	1,–
Effinger	Hetzjagd auf dem Planet der Affen	Terra	1,–
Rathjen	Raumflug ins Abenteuer	Schneider	3,–
Reynolds	Notruf aus dem All	Schneider	3,–
Appleton	Tom Swift startet den Silbervogel	Schneider	3,–
Appleton	Tom Swift: Tauchfahrt ins Abenteuer	Schneider	3,–

Langrenus	Das Reich im Mond	Löwe	3,–
Graff	Nach dem nächsten Mal	Pfeiffer	2,–
Norton	Der unheimliche Planet	Boje	3,–
Bova	Der Planet der Katzenwölfe	Boje	3,–
Williamson	Die Weltraumfalle	Boje	3,–
Kneifel	Befehl an Raumschiff Orion	Boje	3,–
Elwood	Reise in die Unendlichkeit	Boje	3,–
Ernsting	Das Geheimnis im Atlantik	Boje	3,–
Clarke	Die Delphininsel	Boje	3,–
Streblow	Die Bewohner des grünen Planeten	Boje	3,–
Streblow	Zielplanet Rondir II	Boje	3,–
Streblow	Der Computerplanet	Boje	3,–
Lem	Eden/Solaris (2 Romane)	Bücherbund	5,–
Robé	SOS von der Venus	Gebr. Weiss	1,–
Shopen	Jenseits der Milchstraße	Gebr. Weiss	3,–
Balmer	Wenn Welten zusammenstoßen	Gebr. Weiss	3,–
Sieg	Südöstlich Venus	Gebr. Weiss	3,–
Vance	Servants of the Vankh (englisch)	Mayflower	2,–
Wollheim	Mike Mars fliegt die X 15	PEB	3,–
Wollheim	Astronaut Mike Mars 2	PEB	3,–
Halacy jr.	Die Roboter kommen	PEB	1,50
Norton	In Zukunft fliegen	PEB	2,–
Burroughs	Göttin des Mars	Williams	2,50
Burroughs	Der Kriegsherr des Mars	Williams	2,50
Burroughs	Thuvia, das Mädchen vom Mars	Williams	2,50
Lord	Der Tempel von Ayocan	Kelter	1,50
Lord	Der Eisdrache	Kelter	1,50
Lord	Der König von Zunga	Kelter	1,50
Lord	Das goldene Roß	Kelter	1,50
Lord	Die Perle von Patmos	Kelter	1,50
Lord	Der Jade-Krieger	Kelter	1,50

Lord	Der Juwel von Tharn	Kelter	1,50
Lord	Von Piraten gestellt	Kelter	1,50
Brooks	Das Schwert von Shannara	Goldmann	3,–
Brooks	Der Sohn von Shannara	Goldmann	3,–
Brooks	Der Erbe von Shannara	Goldmann	2,50
Swann	Der goldene Riese	Goldmann	2,50
Swann	Der grüne Phönix	Goldmann	2,50
Lee	Trinkt den Saphir-Wein	Goldmann	2,50
Malec	Sperrzone Mond	Goldmann	1,50
Ball	Die Nacht der Roboter	Goldmann	1,50
Carter	Jandar von Callisto	Goldmann	2,50
Casbarra	Schule der Planeten	Diogenes	2,–
Klesl	UFO – In den Fängen der Außerirdischen	JBJ	3,–
Mac App	Murno, der Befreier	Bastei-Lübbe	1,–
Z. Bradley	Herrin der Stürme	Knaur	5,–
Charroux	Unbekannt–Geheimnisvoll–Phantast.	Knaur	2,–
Farmer	Ismaels fliegende Wale	Moewig	4,–
Farmer	Dunkel ist die Sonne	Moewig	5,–

Versandspesen 2,–DM. Bitte Ersatztitel angeben. Zahlung in Briefmarken oder auf Kto-Nr. 1549 bei Volksbank Homburg/Saar (BLZ: 828/00900)

SUCHE: P.M. bis 6/80, GEO, Heyne 3388 (Carter/Der grüne Stern), TF 60, TF 71, Rollerball (Heyne SF-Stories), John Carter vom Mars 1 (Burroughs), Kampfstern Galactica (Goldmann-SF), Krieg der Sterne ab Bd. 2 (Goldmann), Serie Menschen und Planeten im Hallwag-Verlag (Autor Robert Brenner), sowie diverse andere SF und Fantasy. Erbitte Angebotsliste! Bin gerne zum Tausch bereit!

Jürgen Juen, Untere Allee 25, 6650 Homburg/Saar

SUCHE:
E. E. Smith: Die Skylark und die Schlacht um die Osnome (Heyne 3491), Die Skylark und die Sternenwanderer (3503), Die Skylark und der Kampf um die Galaxis (3515), Die Ersten der Galaxis (3152), Die stählerne Festung (Bastei-Lübbe 21094), Der Killer-Mond (21096), Die Robot-Bombe (21098), Die interplanetarische Gesellschaft (Moewig-Terra Nova 13/14) Ian Wallace, Der große Croyd, sowie alle Bücher von Jerry Pournelle, Larry Niven und Jack Williamson (alle Bände in gutem Zustand!)
Achim Heinrichs, Wilhelmstr. 25, 3101 Wietze

SUCHE UND TAUSCHE:
SF-Hefte und SF-Bücher (auch Kauf und Verkauf)
Volker Kussin, Föhrenweg 1, 2190 Cuxhaven

SUCHE:
Heyne 3416, 3564
Terra Astra 282, 290, 314, 321, 331, 335, 343, 350 (P. Terrid)
Terra Astra (E. Vlcek)
Terra Astra 23, 87, 99, 133, 159, 175, 191, 229, 233, 253, 288, 302, 393 (E. C. Tubb)
Terra Astra 344, 357 (K. Mahr)
Terra Astra 249, 252, 263, 269, 295, 303, 323, 327 (C. Darlton)
Pro Heft DM 2,–
Michael Bernau, Balanstr. 80, 8000 München 90

SUCHE:
Heyne SF: Frank Herbert, Hellströms Brut (3536); Niven/Gerrold, Die fliegenden Zauberer (3489); Fritz Leiber, Schwerter und Zauberei (3307), Schwerter von Lankhmar (3339), Schwerter im Kampf (3501)
W. Prüß, Methfesselstr. 96, 2000 Hamburg 19

VERKAUFE:
Ca. 15 Leihbücher (Scheer, Darlton, Perry Rhodan)
Terra-Kleinband (Moewig) Nr. 51-150 (10 Hefte fehlen)
Ca. 60 Terra- und Utopia Klein- und Sonderbände (größtenteils niedrige Nummern)
Ca. 160 Taschenbücher (SF), Heyne, Goldmann, Knaur, Ullstein, Fischer Orbit
Joachim Wolgast, Bramfelder Drift 13, 2000 Hamburg 71

SUCHE:
L. Sprague de Camp, Vorgriff auf die Vergangenheit (K 2931); Alan Dean Foster, Dark Star; Keith Laumer, James Relief Serie (TTB 115, 159, 183); Dan Morgan, Das Labor der Esper (TTB 164); James H. Schmitt, Das PSI-Spiel (K 3061), Welt im Würgegriff (K 3110); James White, Gefangene des Meeres (TTB 112), Die Ärzte der Galaxis (TTB 203), Die Weltraummediziner (U 331), Das Ambulanzschiff (M 3507); Orion Taschenbuch-Serie 1, 2, 7–9, 11, 14, 15, 17–19, 24–32, 35, 36 sowie diverse ältere TTB bis Nr. 250

Liebe Leser,

vielen Dank für die wiederum rege Teilnahme am dritten »Urteil des Lesers« in IASFM 9. Das Ergebnis sieht so aus:

Sydney J. van Scyoc, SILBERVÖGEL	Note 3.2273 (4. Platz)
Alan Dean Foster, DAS GESCHENK EINES TAUGENICHTS	Note 1.7879 (1. Platz)
C. R. Faddis, IM ZEICHEN DES ÄSKULAP	Note 2.6364 (2. Platz)
Peter Schattschneider, DIE ANGST DES L. VOR DEN STEINEN	Note 4.3182 (5. Platz)
Jo Clayton, SÜDWIND MEINE MUTTER	Note 3.0303 (3. Platz)

Diesmal machte mit großem Abstand – alter Profi, der er mit seinen jungen Jahren schon ist – Foster mit seiner etwas sentimentalen, aber originellen Erzählung das Rennen. Tja, der Alien Dean F., wie er manchmal spöttisch genannt wird, weiß, wie man so etwas macht. Übrigens ist sein Roman zu dem neuen Film »Outland«, der im Oktober in unsere Kinos kommt, wirklich Spitze (der dem Perseus-Mythos nachempfundene »Kampf der Titanen«, der im Juni schon anläuft, weniger, aber alle Fantasy-Freunde werden ihre Freude an den farbenfrohen Abenteuern haben).
Tut mir leid, daß Peter Schattschneider so schlecht beurteilt wurde. Ich fand seine Erzählung zwar etwas spröde, aber recht gut. Es war eigenartig zu beobachten, wie diesmal die Urteile auseinandergingen. Während bei der Auswertung der Trend bei Foster wie bei Schattschneider von Anfang an deutlich zu erkennen war, blieben die Stimmen für die übrigen Erzählungen über die gesamte Skala verteilt. Frau van Scyocs Erzählung und noch mehr die von Frau Clayton erhielten fast ebenso oft die Note 1 wie die Note 5.
Übrigens, wenn Sie Ihr Buch nicht zerschneiden wollen, bitte fotokopieren Sie die letzte Seite oder schreiben Sie die Titel in gleicher Reihenfolge auf eine Postkarte. Lassen Sie uns wissen, wie Ihnen die einzelnen Erzählungen dieses Bandes gefallen haben.
Vielen Dank und herzlichen Gruß
Ihr Wolfgang Jeschke

DAS URTEIL DES LESERS

- ☐ Ein Bombeneinfall
- ☐ Die schwarze Fee
- ☐ Drachenhäuter
- ☐ Antiquitäten
- ☐ Projekt Angst
- ☐ Eine Neurose

Geben Sie der Erzählung, die Ihnen am besten gefallen hat, eine 1; der, die Ihnen am zweitbesten gefallen hat, eine 2 usw.

Trennen Sie die Seite heraus oder fotokopieren Sie sie oder schreiben Sie die Titel auf eine Postkarte und senden Sie sie an den

Wilhelm Heyne Verlag
Science Fiction-Redaktion
Türkenstr. 5–7
8000 München 2

Das Ergebnis wird im übernächsten Magazin veröffentlicht.